Toni Lauerer · Der Alltag is da Wahnsinn

Das Beste aus 30 Jahren Kabarett von Toni Lauerer

Toni Lauerer

Der Alltag is da Wahnsinn

Das Beste aus 30 Jahren Kabarett
von Toni Lauerer

1. Auflage 2016
ISBN 978-3-86646-337-0
Battenberg Gietl Verlag GmbH, Regenstauf
www.gietl-verlag.de
Umschlagfotos: privat

Inhalt

Vorwort

Liebe Leserinnen,
liebe Leser,

seit 30 Jahren bin ich nun schon unterwegs auf den Kabarettbühnen in ganz Bayern und zwischendurch auch mal in Österreich. Ich weiß gar nicht genau, wie viele verschiedene Soloprogramme ich schon für Sie und Euch spielen durfte.
Grundlage für die Programme waren und sind immer Geschichten aus meinen inzwischen schon neun Büchern, dieses hier ist die Nummer zehn.
Es versteht sich von selbst, dass die Geschichten von mir nicht einfach vorgelesen, sondern, oft mit mehreren handelnden Personen, gespielt werden. Dabei werden manche Passagen ausgebaut, manche verkürzt, neue Szenen und Sätze eingefügt und Formulierungen abgeändert.
Diejenigen Geschichten, die mein Publikum bei den Live-Auftritten am meisten begeistert haben, habe ich herausgesucht und für dieses Buch entsprechend „upgegraded", wie es so schön neudeutsch heißt. Natürlich in der Hoffnung, dass Sie viel Vergnügen beim Lesen damit haben.
A bissl was Neues ist natürlich auch dabei, das versteht sich von selbst.
Besonders über den Irrsinn, der uns täglich im Fernsehen präsentiert wird, habe ich mir meine Gedanken gemacht.
Also: Genießen Sie mein „Best of"-Buch mit dem gesammelten Wahnsinn des Alltags von 30 Jahren!

Viel Spaß und ganz herzliche Grüße!

Ihr/Euer

Toni Lauerer

Wenn Menschen gemeinsam fernsehen, kann dies ein harmonisches, manchmal sogar romantisches Erlebnis sein. Wenn es sich allerdings um eine Extremsportart handelt, über die im Fernsehen live berichtet wird, und wenn zwischen den beiden Betrachtern zwei Generationen liegen, dann kann es schwierig werden. Zum Beispiel, wenn der Enkel folgendes in Ruhe anschauen will:

Formel 1 mit Oma

Oma:	Heinz, wos treibst denn?
Heinz:	Formel 1 kimmt!
Oma:	Wer kimmt? Da Former Heinz? Is des a Freind vo dir?
Heinz:	Naa, Formel 1 hoaßt des, am Fernseh kimmt des! Mit Rennautos!
Oma:	Wos alls gibt! Derf i mi a weng hersitzn zu dir und mit zuaschaun?
Heinz:	*Mit starrem Blick auf den Bildschirm:* No frale Oma! Sitzde no her!
Oma:	Na sitzame her zu dir. *Setzt sich.* Du, Heinz, host ebba an Saft für mi? Mi dürscht aso!
Heinz:	*Genervt:* Mensch Oma! Muass des jetza sei? Jetza is grad so spannend! In ana Viertlstund is eh aus. Holtsdas so lang nimmer aus?
Oma:	*Flehend:* Mi daad owa wirklich gscheit dürschtn. Da Dokta hod gsagt, i soll viel trinka. Sunst dirr i aus! A älterer Mensch dirrt leichter aus wia a junger!
Heinz:	Also guat, nacha hol i dir holt dein Saft. Bevor dass du mir ausdirrst.
Oma:	Des is owa nett vo dir. I schau derweil für di Fernseh, bis du wieder kimmst.

Heinz läuft in die Speis zum Saft holen, Oma schaut inzwischen das Rennen an.

Oma:	Uiuiuiui, wia de schnöll fohrn! Do wenn oan d'Bolezei aafholt, des kimmt deier. Brauchta bloß no ebbs trunka

	hom, nacha is da Führerschein furt. Omeiomei, de junga Leit heitzudogs! Koa Hirn ned! Fohrn wia de Blädn!
Heinz:	*Außer Atem:* So Oma, do is dei Saft. Jetza trink, dann dirrst ned aus!
Oma:	Dankschee, Heinz! *Trinkt.* Mmmh, is der guat. Wos isn des für oana?
Heinz:	*Genervt:* A Saft halt. Jetza muasst staad sei, Oma, jetza wirds spannend! Pssst!
Oma:	De fohrn fei gscheit schnöll. Do schau hi, do fohrt oana mit, der is gwiss vo Bayern. Der hoißt Alise!
Heinz:	Alesi hoaßt der! Des is a Italiener, koa Bayer!
Oma:	Aso. Du, sog amal Heinz, wo fohrn denn de überhaupt hi? Is do irgendwo a Fest oder a Fahnaweih oder wos?
Heinz:	*Sehr genervt:* Ins Ziel! Des is doch a Rennen! Wer als erster im Ziel is, der hod gwunga und kriagt dann a boor Millionen. De fohrn doch aaf koa Fahnaweih!
Oma:	Ned? Mir hamma früher aa Rennen gmocht, mitn Fohrradl. Do hod da Sieger an Loab Brout kriagt oder aa amal a Blunzn Pressog. Millionen bloß in da Inflation! Umara 1923 war des!
Heinz:	Jamei, Oma, des warn andere Zeitn!
Oma:	Do host du recht, Heinz. Noja, jetza bini staad und trink mein Saft!
Heinz:	Genau Oma! Des waar a Sach!
Oma:	Owa woaßt wos? De kemman doch nie ans Ziel, wenns allawal bloß rundum fohrn. Dass de ned damisch wernd. I werad do dodal damisch. Mir is eh vo Haus aus a weng damisch. Des is da Bluatdruck. Für mi waar des Rundum Gift! Mi daads drahn!
Heinz:	Mensch, Oma, 's Ziel is doch aaf da Streck. Do schau hi, jetza fohrt grod wieder oaner durch!
Oma:	Ja wos? Worum bleibta denn nacha ned steh, der Hanswurscht, wenn er scho im Ziel is? Spinnt der? Oder gfollts eam so guat, dass er no a Reim fohrt?
Heinz:	Naa, Oma. De miassn zweiundsiebzig Rundn fohrn. Und erst noch da letztn Rundn is 's Ziel 's Ziel. Vorher fohrns einfach durch.
Oma:	Aso. Jamei, wia soll denn des a olts Wei wia i wissen?

Heinz:	Is scho recht, Oma. Jetza pass aaf, jetza wirds spannend. Da Vettel überholt 'n Alonso.
Oma:	*Geschockt:* Ja is denn der narrisch? In da Kurvn überholn! Wenn do oana entgegenkimmt! Alle sans hi. Da Seppl und da Alfons!
Heinz:	Also Oma! Do konn doch koana entgegenkemma. In da Forml 1, do kimmt nie oana entgegen. Außerdem hoaßt der Alonso und ned Alfons! Und da ander Vettel und ned Seppl!
Oma:	Sog des ned, Heinz, sog des ned! Grad wennma ned damit rechnet, kimmt oaner daher. Schau 'n Falzer Hans o: Der hod aa gmoant, dass koana kimmt. Und wos hoda davo? Acht Wocha a Halskrause und 's Gnack duat eam heit no weh. Aso hods den prellt, wia er mit dem andern zammboxt is. Jamei, wennma holt ned langsam fohrt, nacha kimmt ebbs sechas aussa. Im Fernseh hammses gsagt, am gscheitern is, man fohrt definitiv!
Heinz:	Defensiv!
Oma:	*Trinkt vom Saft.* Des aa!
Heinz:	Owa Oma, des is doch a Schmarrn! Da Falzer Hans is aaf da Bundesstraß gfohrn und ned aaf da Forml-1-Streck. Mitm Bulldog! Des is doch ganz wos anders.
Oma:	Straß is Straß! Owa mir is ja des wurscht. *Trinkt vom Saft.* Der Saft is wirklich guat!
Heinz:	Des gfreit mi, Oma. Owa jetza muasst wirklich staad sa, jetza kimmt de entscheidende Phase! Bald kimmt da Zieleinlauf!
Oma:	*Geschockt:* Wooos? Einlauf? Ja um Gottes Willen! De orma Burschen! Kriagn de im Ziel an Einlauf?
Heinz:	*Gereizt:* Naa, de kriagn doch koan Einlauf! Ja sag amal, aaf wos für Wahnsinnsideen du kimmst! Zieleinlauf hoaßt, dass glei aus is! Und bitte sei jetza staad!
Oma:	Jaja, i bin scho staad. I trink mein Saft und bin staad. Der is wirklich guat, der Saft.
Heinz:	Psst!! Ruhe jetza!
Oma:	Ja, bin scho staad! Du, is jetza do da Boris Becker aa dabei?
Heinz:	Also Oma! Da Boris Becker hod doch Tennis gspielt! Der fohrt doch ned Auto!

Oma:	Hod denn der koan Führerschein ned?
Heinz:	Scho, owa er is koa Rennfahrer. Jetza pass halt amal aaf! Da Vettel fohrt grod an d'Box!
Oma:	Segstas, segstas, i hobs gsagt! Waar er ned so schnöll gfohrn, nacha waar er ned an d'Box drogfohrn. Definitiv muassma fohrn! 'n Falzer Hans duat heit no 's Gnack weh.
Heinz:	Oma, mit dir is wirklich a Kreiz! Da Vettel fohrt doch ned an d'Box dro! Des sagtma bloß aso. Des bedeit, dass er neie Reifn affeduat und dass er tankt. Do schau hi, nacha segstas! Jetza wechslns grod seine Reifn.
Oma:	Hod er ebba a Loch gfohrn? Warn Glasscherm aaf da Straß? Weils allaweil alles zammhaun, de junga Leit!
Heinz:	Naa, a Loch hod er ned gfohrn. Owa de Reifn, de holtn bloß zwoahundert Kilometer aus. Des san Spezialreifn.
Oma:	Spezialreifn? Und dann bloß 200 Kilometer? Aso a Glump! De platzn ja dann scho, wennst aaf Minga fohrst!
Heinz:	Des is koa Glump, des is normal bei da Forml 1!
Oma:	Also, wenn des normal is, nacha woaß i nimmer. Da Onkl Alfons, der is acht Johr mit de gleichn Reifn gfohrn und gfahlt hod nixe. Wenn er ned zufällig gstorm waar, fohrert er heit no damit.
Heinz:	Omei, Oma, wos soll i do sogn? Do follt mir nix mehr ei.
Oma:	Schau hi, Heinz, sans scho firte mit dem Reifnwechseln. Nimm dir a Beispiel! Du wennst deine Winterreifn affeduast, du stehst den ganzn Vormittog in da Garage drin.
Heinz:	Oma, des verstehst du ned!
Oma:	Du scheinbar aa ned, weilst so lang brauchst. Du Heinz, jetza muass i scho amol dumm frogn: Worum hod denn da Vettel am Ofang ned volltankt? De Tankerei holt doch aaf. Do gwingt der ned, wenna dauernd tankt.
Heinz:	Der hod scho volltankt am Ofang. Owa de Auto brauchan so viel Benzin.
Oma:	Aso a Glump! Muass der des Benzin zohln?
Heinz:	Also Oma, sog amal! Der muass doch des Benzin ned zohln. Der hod doch an Sponsor!
Oma:	An Sponsor hod der? Du host an Opel, du muasst dei Benzin zohln. Hättstda holt aa an Sponsor kafft! Is des a deitscher, da Sponsor? Oder a Japaner?

Heinz:	Jetza bi holt amal staad, Oma! I muass mi konzentriern. Jetza lafft de Schlussphase vo dem Rennen. Jetza wirds dodal spannend. Schau holt aa zua wia i und frog ned dauernd! Du bist schlimmer wia a Kind.
Oma:	Jamei, mi interessierts holt, drum frog i. Oläg! Do schau hi! Jetza is da Marlboro ins Gros einegfohrn! Voll in d'Wies!
Heinz:	Wer?
Oma:	No, da Marlboro. Steht doch groß draaf aaf sein Auto.
Heinz:	Des is doch da Sponsor!
Oma:	Sponsor hoaßt der? Ned Marlboro?
Heinz:	Naa, Oma. Schau her, des is aso: Aaf de Auto steht da Nam von ana Firma und de Firma zohlt dafür an Haffa Göld. Und de Firma is dann da Sponsor. Marlboro zum Beispiel san Zigrettn.
Oma:	A geh! Und worum zohlt de Firma an Haffa Göld? Also i, i daad nix zohln, wenn der „Frieda Gruber" aaf sei Auto affeschreibn daad.
Heinz:	Des is scho klar. Wenn dei Nam obnsteh daad, des daad dir aa nix bringa. Owa wenn d'Leit des „Marlboro" seng, dann rauchands Marlboro und de Firma verdient a Göld. Und drum zohlns wos dafür.
Oma:	Aso a Schmarrn! Des is doch mir wurscht, wos do draff steht. I rauch aso und aso ned. Wos san denn des für Deppen, de wos rauchen, bloß weils aaf an Auto obn steht!
Heinz:	Ja, is scho recht, Oma. Jetza pass aaf, glei is aus. Oa Rundn no.
Oma:	*Sinnierend:* Omei, wer wird denn des ganze Gros neba da Straß mahn? Hod des ebba ebba pacht?
Heinz:	Also Oma, des woaß i beim bestn Willn ned. Des is doch wurscht, wer des maht.
Oma:	Wahrscheinlich da Bauhof, weil a Kuah frisst des Zeig ned. Is ja alls voll Benzindampf.
Heinz:	Wahrscheinlich. Ruhe jetza, jetza kimmt da Zieleinlauf!
Oma:	Omei, sog bloß nix mehr von an Einlauf! Morgn hob i mei Darmspiegelung. Mir graust sovül vor dem Einlauf. I mog scho ned, wenn mi oana untn ume nackert segt, owa dann der Einlauf! I derf gor ned drodenka!

Heinz:	I hobdas doch scho gsagt, dass des mit dem Einlauf beim Doktor nix zum dua hod!
Oma:	Ja, i woaß scho! I moan ja bloß!
Heinz:	Da Vettel hod gwunga! I hobs ja glei gsagt, dass der da Beste is.
Oma:	Is des der, der den Alfons so frech überholt hod?
Heinz:	Genau! Der is des! Do schau hi, do fohrt er! Er is scho a Hund, unser Sebastian!
Oma:	Du host doch gsagt, er hoaßt Vettel!
Heinz:	Ja, da Vornam is Sebastian! Schau halt hi, do fohrt er!
Oma:	Wo fohrt denn der jetza hi? I hobma denkt, der hod scho gwunga. Der kannt doch scho stehbleim!
Heinz:	Der draht no a Ehrenrunde. Des is aso üblich bei da Forml 1.
Oma:	Hoffentlich geht eam 's Benzin ned aus!
Heinz:	Gwiss ned. So, jetza kimmt glei d'Siegerehrung. Do schau hi, wias fetznd, de ganzn Ferrari-Fans!
Oma:	Ja, wia des? Hod der aa gwunga?
Heinz:	Wer?
Oma:	Da Ferrari. I hobma denkt, da Vettel hod gwunga.
Heinz:	Sei Auto is a Ferrari! Schau hi, steht doch drauf am Auto!
Oma:	I hobma denkt, des is a Sponsor.
Heinz:	Oma, jetza bringst alls durchanand. Und i bin aa scho ganz bläd mit deiner Fragerei. Jetza drah i'n Fernseh ab, sunst werd i narrisch.
Oma:	Des viele Fernsehschaun is eh ned gsund. Des mocht aggressiv. Schau di o, du bist nervlich scho ganz firte. Des kimmt vo dem Fernsehschaun! Geh amal ausse an de frische Luft! Des is guat für dein Körper!
Heinz:	Genau! *Steht auf und geht!* Und für meine Nerven aa!

Was für ein Glück ist es, Kinder zu haben! Meistens! Ein noch größeres Glück ist es, auch eine passende Oma zu haben, die auf die Nervensägen aufpasst, wenn die Eltern einmal ungestört und ruhigen Gewissens abends ausgehen wollen. Omas sind ja allgemein bekannt dafür, dass sie wunderschöne Geschichten erzählen können. Omas sind auch bekannt dafür, dass sie geduldig sind und sich nicht so leicht aus der Ruhe bringen lassen wie Eltern. Aber bei den heutigen ebenso aufgeklärten wie wissbegierigen und skeptischen Kindern ist dies nicht mehr so einfach, wie es früher war.

Bitte a Gruselgschicht!

Knut: Oma, derf i Nintendo spielen?

Selina: Ouh ja Oma, spielma Nintendo! Du derfst aa mitspieln!

Oma: Naa, naa, Kinderln! Jetza spielma ned mit dem elektrischn Zeig. Dauernd de greislichen Gfrieser und dann platzt allaweil zwischendurch oan da Schädl oder es zreißt oan komplett! Des is nix für mi! Wenn i scho amal an ganzn Abend do bin bei eich, dann erzähl i eich a scheene Gschicht!

Knut: Owa dann a Gruselgschicht! A normale is langweilig.

Selina: Genau. Bitte a Gruselgschicht! *Flehend:* Bittöööö!

Oma: Also guat. Owa i sog eichs glei: Wenns eich firchts, seids selber schuld! I sogs bloß!

Knut: Ah, mir firchtma uns doch ned! Mir hamma scho „Scream" am Fernseh gseng!

Oma: Des kenne ned, i schau bloß „Sturm der Liebe"!

Knut: Des kenn i ned! Um wos geht's denn do?

Selina: *Zurechtweisend:* Des is doch wurscht! Jetza fang o, Oma!

Oma: Also: Amal san da Sepperl und 's Reserl in Wold ganga ...

Knut: Hihi! Wos des für komische Namen san! Sepperl und Reserl! Aso möcht i ned hoaßn.

Selina: *Kichernd:* I aa ned! Sepperl sowieso ned!

Oma: Also des sog eich scho: Knut und Selina is aa ned grod 's Gelbe vom Ei!

Knut: Ha? Wos für a Ei?

Oma: Ach nix. Aaf jedn Fall san da Sepperl und 's Reserl in Wold ganga.

Selina:	Ganz alloa?
Oma:	Dodal alloa! Bloß de zwoa. Sunst wor neamad dabei. Bloß da Sepperl und 's Reserl, des war sei Schwesterl.
Knut:	Hamm de des derft?
Oma:	*Irritiert:* Wos derft?
Knut:	In Wold geh, ganz alloa.
Oma:	Jaja, de hamm derft, d'Mama hods erlaubt.
Knut:	Und da Papa?
Oma:	*Leicht genervt:* Dem wars wurscht. Der war in da Arbeit.
Selina:	In da Arbeit? Wos war denn der? War der im Büro? Oder a Metzger?
Oma:	*Etwas mehr genervt:* Des woaß doch i ned, wos der war! A Schreiner oder Beamter oder irgendwos! Des is doch in dem Fall wurscht!
Selina:	Des is ned wurscht! Weil a Beamter konn koan Schrank macha, owa a Schreiner scho!
Oma:	Ob der an Schrank macha konn, des hod doch mit dera Gruslgschicht nix zum dua! Ok, dann wara halt in Gottes Namen a ... a ... Ding, a Beamter!
Knut:	Im Landratsamt?
Oma:	*Immer entnervter und laut:* Ja, im Landratsamt! Im Bauamt! Kruzenäsn, jetza lassts mi halt mei Gschicht erzähln! Jetza hockma scho fünf Minuten do und i hob ned amal drei Sätze gsagt, weil ihr mi dauernd unterbrechts! Do verlier i ja ganz den roten Faden!
Knut:	Den roten Faden? Wos für an Faden?
Oma:	*Fast schon hysterisch:* Des sagtma halt aso! Koan echten Faden! I moan, dass i mit meiner Gschicht ganz durcheinander kimm!
Selina:	Gehts do um an Faden in deiner Gschicht?
Knut:	Hod sich da oaner mit an roten Faden aafghängt und war dann a Geist?
Oma:	*Schreit:* Nein! Vergessts endlich den blöden Faden!
Knut:	*Erschrocken:* Owa ... owa du host doch mit dem Faden ogfangt!
Selina:	*Naseweis:* Des stimmt, Oma! Mir ham nix gsagt! Des mit dem Faden, des warst du!
Oma:	*Laut:* Entschuldigung! Des duat mir leid mit dem Faden!

	Hättes bloß ned gsagt! Vergessts des einfach! Also, i fang noml o: Amal san da Sepperl und 's Reserl in Wold ganga! Ganz alleine! D'Mama hods erlaubt, dem Vater am Landratsamt wars wurscht! Und dann ...
Selina:	Äh, Oma, derf i wos fragen?
Oma:	*Argwöhnisch:* Wos is denn scho wieder?
Selina:	Warn da Sepperl und 's Reserl gega Zecken gimpft?
Oma:	*Hysterisch, laut:* Kreizbirnbaamhollerstaun, des is doch wurscht!
Selina:	*Selbstbewusst:* Des is ned wurscht! D'Mama hod gsagt, des is wichtig! Weil da Zeck is a Killer! Do konnma sterben oder sogar bläd wern!
Oma:	*Frustriert:* Ja guat, dann warns halt gimpft! Wenn eich des so wichtig is, dann warns gimpft! Und gega Wundstarrkrampf und Keichhoustn warns aa gimpft! De warn gega alles gimpft, wenn eich des beruhigt! Owa des spielt für die Gschicht keine Rolle!
Selina:	Ned?
Oma:	Naa, null! A Gschicht über gimpfte Kinder, de is doch ned gruslig! Es geht um ganz wos anders in dera Gschicht! A Zeck kimmt überhaupt ned vor! Also, aaf jeden Fall san de zwoa in Wold ganga. Ganz alloa, Mama hods erlaubt, Papa wars wurscht, dass des ein für allemal klar is! *Mit drohendem Blick zu den Kindern:* Gega Zecken warns gimpft!!!
Knut:	*Leicht beleidigt:* Ja ok, jetza wissmas!
Oma:	Genau! Und wias im Wold drin warn, hamms aafamal wos ghört, ungefähr so: Krrr ... krrr!
Knut:	Wos hamms ghört?
Selina:	Hörst du schlecht? „Krrr! Krrr!", hams ghört!
Oma:	Genau Selina. Krrr! Krrr!
Knut:	Wos wor nacha des, des Krrr! Krrr?
Oma:	Des woaß i aa ned. Auf jeden Fall: Da Sepperl und 's Reserl hamm total Angst ghabt und san immer schneller ganga, immer schneller und schneller, immer weida in Wold eine.
Knut:	*Grübelnd:* Wos kannt des bloß gwesn sa? Krrr! Krrr! A Monster vielleicht?
Selina:	*Abschätzig:* Du immer mit deine Monster! Du denkst immer bloß an Monster! Monstermonstermonster, dauernd!

Knut:	Und du an Kleidln!
Selina:	Monsterschädl!
Knut:	Kleidlgoaß!
Selina:	Depp!
Knut:	Aff!
Oma:	*Grantig und tadelnd:* Jetza seids owa staad mit de hässlichen Ausdrücke! Duats ned dauernd streitn. Wer streit, kimmt in d'Höll! Lusts liawa zua! Man sagt ned Depp zu seiner Schwester!
Knut:	I hob Aff gsagt!
Oma:	Des is wurscht! Aff is irgendwie aa Depp! Also, da Sepperl und 's Reserl san soweit in Wold einegrennt, bis des krrr! krrr! weg war. Se hamms dann nimmer ghört.
Knut:	Gottseidank!
Oma:	Wos hoaßt do Gottseidank? Nix Gottseidank, weil wias ganz weit im Wold drin warn, hammsase aafamol nimmer auskennt. Jaaa!
Selina:	Wia nimmer auskennt? Hamm de Drogen gnumma?
Knut:	Christl Speed am End! Do kenntmase nimmer aus! Bei uns in da Schul war a Polizist, der hod an Vortrag ghaltn über Christl Speed! Der hod gsagt, do kenntmase nimmer aus! Der hodse fast selber nimmer auskennt!
Oma:	De hamm doch koane Drogen gnumma! Drogen! So ein Schmarrn! Naa, verlaffa hammsase, dodal verlaffa. De hamm nimmer gwisst, wo vorn und hint is. Kinnts eich des vorstelln, wos des is? Wennma mittendrin im dunklen Wold is und kenntse nimmer aus – woaßt, wos des is!
Knut:	Scheiße is des! Voll Scheiße!
Oma:	Also Knut! Sowos sagtma doch ned!
Selina:	*Drohend:* Des sog i da Mama, wenns wieder hoamkimmt, dass du zur Oma Scheiße gsagt host!
Knut:	*Triumphierend:* Dann sog i ihr, dass du mitn Papa seiner Unterhosn 'n Tisch ogwischt host!
Oma:	*Böse:* Jetza hörts amol endlich des Streitn aaf, Mensch Meier! Will denn koana mei Gschicht hörn, zenalln? I erzähl do a grusinge Gruslgschicht und ihr streits! Wos seids denn ihr für Kinder? Glei mogi nimmer, wenns allaweil streits!
Selina:	Doch Oma, erzähl weida!

Oma:	*Kurzfristig wieder versöhnt:* Also guat! Also: Jetza warn da Sepperl und 's Reserl ganz tief im Wold drin und hamm nimmer gwisst, wias wieder hoamkemma kanntn.
Knut:	Und „krrr! krrr!" hods nimmer gmocht?
Oma:	Des ned, owa wennmase nimmer auskennt, des is aa ohne „krrr! krrr" schlimm!
Knut:	Des stimmt! Mit „krrr! krrr!" waars a dodaler Wahnsinn!
Oma:	Genau! Wos sollma da machen, wennma ganz tief im Wald drin is und kennste nimmer aus? Wos soll man da machen?
Knut:	*Emotionslos:* Mitn Handy dahoam oruafa!
Oma:	*Wieder grantig und lauter:* De hamm koa Handy dabei ghabt! Mensch Meier! Man konn doch als Kind amal in den Wold geh ohne Drogen und ohne Handy! Des muass doch möglich sei!
Selina:	Warn des vielleicht ganz arme Kinder, weils ned amal a Handy ghabt hamm? Vielleicht Flüchtlinge?
Oma:	Flüchtlinge! Aso a Schmarrn! De hamm Sepperl und Reserl ghoaßn, ned Ali Baba und Suleika! Des warn ganz normale Kinder, wia ihr! De hamm halt einfach koa Handy dabeighabt! Des konn doch sei, dassma amal koa Handy dabei hod!
Knut:	Hamm de des Handy vielleicht dahoam lassn, weil da Akku laar war?
Oma:	*Erleichtert:* Ja genau! De hamms dahoam lassn, weil da Akku laar war! Aso wars!
Knut:	War des mit Karte oder Vertrag?
Oma:	*Völlig konsterniert:* Wos?
Knut:	Des Handy! War des a Kartenhandy oder oans mit Vertrag? Weil mit Vertrag kriagtma alle zwoa Johr a neis!
Oma:	Des woaß i ned! Des spielt jetza koa Rolle ned! Jetza lassts mi halt de Gruslgschicht weida erzähln und fragts ned dauernd aso an Krampf!
Selina:	Also bis jetza is fei no ned gruslig!
Oma:	Jetza passts aaf, jetza wird's gruslig! Wias ganz weit im Wold drin warn, hamms von an Gebüsch aussa ghört, wias immer „huaaah, huaaah" gmocht hod! Direkt aus dem Gebüsch, *ganz unheimlich mit der tiefsten ihr möglichen Stimme und mit aufgerissenen Augen* „huaaah, huaaah".

Knut:	*Leicht irritiert:* Oläck! Wos war nacha des?
Selina:	*Vorwurfsvoll:* Wia soll denn d'Oma des wissen? Wenns „krrr! krrr!" ned woaß, nacha wirds „huaaah, huaaah" aa ned wissen. Gell, Oma?
Oma:	Genau! Und da Sepperl und 's Reserl hamm aa ned gwisst, wos des sei kannt. Se hamm dermaßen Angst ghabt und se hamm nimmer gwisst, wos macha solln. 's Reserl hod scho a bisserl gflennt und hod gsagt: „Omei, Sepperl, i glaub, jetza miassma sterm!"
Knut:	*Auch leicht ängstlich:* Und da Sepperl? Wos hod der gsagt? Hod der aa gmoant, dass sterm miassn?
Oma:	Da Sepperl? Der hod gsagt ... äh, der hod gsagt: „Oläck!", hoda gsagt, „jetza machts huaaah!"
Knut:	Ja, wos war denn nacha drin in dem Gebüsch? A Dinosaurier oder wos? Oder da Darth Vader?
Selina:	Ja Oma, wos war denn do drin?
Oma:	*Lustvoll die Spannung aufbauend:* Des sog i eich no ned! I sogs eich später! Zerst erzähl i eich, wos dann passiert is!
Selina:	Wos isn dann passiert?
Oma:	Dann is aafamol a Mo daherkemma! A großer Mo!
Knut:	War der vorbestraft?
Oma:	Also Knut! Wie kimmst denn aaf des? War der vorbestraft! Mit dir stimmt doch wos ned! A normaler Mensch kimmt nie aaf so a Frage! War der vorbestraft! *Schüttelt den Kopf.*
Selina:	Also Knut, du immer!! Für di gibts überall bloß Reiber und Mörder. Oma, war des a Reiber oder a Mörder?
Oma:	Naa, des war er ned. Des war da Förster!
Selina:	*Erleichtert:* Gottseidank!
Knut:	War des wirklich da Förster? Traun derfst koan! Hod der an Dienstausweis dabeighabt?
Oma:	Ja Knut, sag amal! Warum bist denn du dermaßen misstrauisch?
Knut:	Da Papa sagt allaweil, bei Fremde muassma misstrauisch sei. Des is ned gsagt, dass jeder Mo im Wald da Förster is! Des kannt a Psychopath grad aso sei! Oder a Holzdieb!
Selina:	Des stimmt, Oma! Des sagt da Papa allaweil!
Oma:	Dass ned jeder Mo im Wold da Förster is?
Selina:	Naa, dassma misstrauisch sei soll!

19

Oma:	Ja, do hod er scho recht. Owa des war wirklich da Förster. Der hod a grünes Gwand anghabt, typisch Förster! Und der hod gsagt: „Habts eich ebba verlaufen, liebe Kinderlein?" Und d'Kinder hamm gsagt: „Ja, lieber Förster! Und do drin im Gebüsch, do mochts allaweil „huaaah, huaaah"! Wos isn des bloß, Herr Förster?"
Selina:	Da Förster hod des bestimmt gwisst, wos des is.
Knut:	Des is ned gsagt. Wenns a Monster is, nacha woaßas ned. Da Förster kennt bloß normale Viecher – Saurier und Krokodüler. Monster kennt der ned.
Selina:	Ach, du allaweil mit deine blädn Monster! Gell Oma, da Förster hods gwisst, wos do „huaaah, huaaah" gmocht hod?
Oma:	Gwisst hodas ned. Drum is er ins Gebüsch eineganga zum Nachschaun, wos do drin is.
Knut:	Aso a Depp!
Oma:	*Unwirsch:* Des war koa Depp! Der war mutig!
Knut:	Hod der wenigstens a Laser-Pistoln dabeighabt? Weil mit dera konnst sogar an T. Rex pulverisiern! *Ahmt eine Schießbewegung in Richtung Oma nach.* Zack – Pulver!
Oma:	A Laser-Pistoln! So ein Krampf! De gibt's doch bloß am Fernseh! Naa, bloß sei Förstergwehr hod er dabeighabt!
Knut:	Oläck! Des hätt i ned do!
Selina:	I aa ned. Und dann? Wos is dann passiert?
Oma:	Wia da Förster im Gebüsch drin wor, hodma zerst nix ghört. Dann aafamal ganz laut „huaaaarrrr" *schreit aus Leibeskräften wie ein Untier* und dann „Hilfeee!" und dann wars ganz, ganz staad. Unheimlich staad.
Knut:	Und da Förster? War der hi oder wos? Oder hods der alle bloß verarscht?
Selina:	Bestimmt ned. Der war hi, do trau i mir wettn!
Oma:	Do host du recht Selina! Owa man sagt ned hi, sondern tot! Am Rand vom Gebüsch hodma nämlich sei bluatige Händ liegn segn. A bisserl hods no zuckt. Owa des warn bloß d Nerven, insgesamt war er hi ... äh tot!
Knut:	Cool! Wer hod denn nacha den umbracht? War in dem Gebüsch vielleicht a fleischfressende Riesenheidelbeere?
Selina:	Aso a Schmarrn! A fleischfressende Riesenheidelbeere mocht doch nie im Leben „huaaarrrr".

Knut:	Woher willst denn du des wissen? Host du vielleicht scho amal a fleischfressende Riesenheidelbeere ghört?
Selina:	No ned. Owa „huaaarrrrr" machts bestimmt ned. Gell, Oma?
Oma:	Des woass doch i ned, wia a fleischfressende Riesenhimbeere macht!
Knut:	Heidelbeere, ned Himbeere!
Oma:	Des woaß i aa ned! Des war sowieso koa Beere, sondern a Bär! In dem Gebüsch war a verzauberter Bär!
Knut:	*Begeistert:* Stark!
Selina:	A verzauberter Bär? Wer hod denn den verzaubert?
Oma:	Da böse, unheimliche Waldzauberer Watz!
Knut:	*Unverändert begeistert:* Stark! Saustark! Waldzauberer – cool!
Selina:	Hoaßt der wirklich Watz?
Oma:	Ja. Warum?
Selina:	Unser Kindergartenfräulein hoaßt aa Watz. De is bestimmt mit dem verwandt, wal de is aa so böse. I glaub, de is a Hex!
Oma:	De is doch ned mit dem verwandt! A böser Waldzauberer hod doch koa Verwandtschaft ned!
Knut:	Hä? Wieso ned? Hod der koane Eltern? Is der ned geborn?
Oma:	Naa, a Zauberer, der is einfach aso do. Der wird ned geboren und der stirbt aa ned. Sunst waars ja koa Zauberer.
Knut:	Des gibts doch ned. A jeder Mensch is geboren! *Neunmalklug:* Jeder entsteht doch durch Vereinigung von Samenzelle und Eizelle.
Oma:	Ja um Gottes Wülln! Wos erzählst denn du mir für Sachen? Du bist acht Johr olt und erzählst mir so Sachen! I bin 72 und hob vier Kinder und ganz genau woaßes heit no ned!
Knut:	Do hamma mir a Biacherl mit scheene Bildln. Magstas segn, Oma? Wart, i hols. Do wirst schaun! Do is alls in Farbe! Wennst wos ned kennst, deitst hi und dann erklärmas dir!
Oma:	Ja pfui Deifl! Sowos mog i ned seng!
Selina:	Doch Oma, schauma halt des Biacherl o, des is lustig!
Oma:	Owa mei Gschicht! De daad no weidageh! Des mit dem Bär ...

21

Knut:	Ja, scho klar! Owa jetza wissma, dass a Bär war, jetza is de Luft drausst aus dera Gschicht! I hol des Biacherl!
Selina:	Oma, do san nackerte Leit drin! A nackerter Mo und a nackerts Wei! Hihi!
Knut:	Und der Mo hod fei a größers Zipferl wia da Papa!
Oma:	*Völlig geschockt:* Ja um Gottes Willen! Mi interessiert doch eiern Papa sei Zeig ned! *Gähnt.* Wissts wos? I bin aafamal dermaßen miad! I leg mi jetza a weng hi. Duats liawa Nintendo spieln! *Legt sich auf das Kanapee, schließt demonstrativ die Augen und denkt wehmütig an das Buch.*

Böse Zungen behaupten ja, der Begriff „Fast Food" kommt daher, weil man die so bezeichneten Nahrungsmittel fast essen kann. Das stimmt natürlich nicht! „Fast" bedeutet, dass es schnell geht, weil das englische „fast" auf deutsch schnell heißt. Es kann aber auch sein, dass es mal nicht ganz so schnell geht, vor allem, wenn man das erste Mal eine Bestellung aufgibt. Das Bemerkenswerte ist, dass man bei dieser Bestellung nicht wie im Gasthaus mit einem Menschen spricht, sondern mit einem Loch! Man fährt vor, bleibt in der Höhe des Loches stehen, erläutert dem Loch seine Wünsche, fährt weiter und wartet auf das Essen. Um alles Weitere kümmert sich das Loch. Aber aufgepasst! So ein Loch kann ganz schön nerven! Vor allem, wenn man, wie der folgende Kunde, nennen wir ihn Sepp, das erste Mal im Leben ein Gespräch mit einem Loch führt!

Am Drive-In-Schalter

Sepp:	Dere!
Loch:	–
Sepp:	Griaß God!
Loch:	*Schnell und mit schnarrender Stimme:* Wie bitte?
Sepp:	*Langsam und mit dem Mund näher an das Loch heranrückend:* Grüüüß Gooott!
Loch:	*Sehr schnell und unverständlich:* Willkommen bei McKing!
Sepp:	Wos? Du muasst a weng langsamer reden, i versteh di ned!
Loch:	*Etwas langsamer:* Willkommen bei McKing!
Sepp:	Ja, servus!
Loch:	Was wünschen Sie?
Sepp:	Wosi mog? Äh, wart amal, i schau schnell … *Sieht grübelnd auf die rechts vom Loch aufgehängte, reich bebilderte Speisekarte.* Hm …
Loch:	Hallo?
Sepp:	Ja, wart a weng! Des is ned einfach! Hm … äh, Frage: Segst du aussa?
Loch:	Wie bitte?
Sepp:	Siehst du heraus?
Loch:	Nein, natürlich nicht!

Sepp:	Des is schlecht! Des is ganz schlecht! Weil dann hättes dir zoagt, wosi mog! Jetza muasses dir sogn!
Loch:	*Drängend:* Ihre Bestellung bitte!
Sepp:	Ja, glei! Setzmi halt ned dermaßen unter Druck! Äh ..., i nimm dann an Burger! *Spricht Burger genau so aus, wie man es schreibt.*
Loch:	Einen Burger. *Spricht es richtig aus.*
Sepp:	Naa, an Burger. *Spricht es erneut falsch aus.*
Loch:	Das heißt BÖRGER!
Sepp:	Ehrlich? Dann kinnts de ganze Speiskartn wegschmeißn! Ihr habts des vo obn bis untn falsch gschriem! Do steht dauernd BURGER!
Loch:	Ham, Cheese oder Chicken?
Sepp:	*Verwirrt:* Wer is gstorm?
Loch:	*Langsamer:* Ham, Cheese oder Chicken?
Sepp:	Ja wos? I versteh di ned! Eigentlich wollt i an BÖRGER!
Loch:	*Leicht genervt:* Schon klar! Ham, Cheese oder Chicken?
Sepp:	Ja kruzenäsn, wos isen des?
Loch:	Ham is Schinken, Cheese is Käse, Chicken is Huhn!
Sepp:	*Nach kurzer Denkpause:* A Sau host ned?
Loch:	Nein, nur Ham, Cheese oder Chicken!
Sepp:	Ja guat, dann nimm i oan mit an Gockerl – Chicken!
Loch:	Also einen Chicken-Burger?
Sepp:	Ja genau!
Loch:	Normal, maxi, mega oder giga?
Sepp:	*Erschrocken:* Wooos?
Loch:	Den Burger normal, maxi, mega oder giga?
Sepp:	Ja fix, wos isen nacha des?
Loch:	Normal is normal, maxi is groß, mega is sehr groß, giga is riesig!
Sepp:	Aha! Hm ..., ja, dann mekka! Oa BÖRGER Tschikken mekka!
Loch:	Ein Burger chicken mega!
Sepp:	Ja genau! Und Pommes!
Loch:	Pommes groß oder klein?
Sepp:	*Stutzt.* Groß oder klein? Ja mei, Pommes halt! Ganz normal! *Deutet mit dem rechten Daumen und Zeigefinger eine Länge von ca. 6 cm an und hält die Finger zur Ansicht vor das Loch.* In dera Läng ungefähr!

Loch:	Ich meinte nicht die Pommes, sondern die Packung! Ob die groß oder klein sein soll!
Sepp:	*Aufgebracht:* D Packung is mir doch wurscht! De frieße ja ned! Dann gibma halt große Pommes, zenalln! Also jetza muass i scho amal song: Des soll Fastfood sei? Jetza schrei i scho fünf Minuten in des Loch eine und hob no nix zum essen! Do wenni in a Wirtshaus gfahrn waar, dann hätt i mei Schweinshaxn scho bstellt!
Loch:	*Unbeeindruckt von Sepps Gezeter:* Pommes rot oder weiß?
Sepp:	Ha?
Loch:	Möchten Sie die Pommes rot oder weiß?
Sepp:	*Schreiend:* Gelb! Gelbe Pommes will i! *Dreht sich um zum hinter ihm stehenden Autofahrer:* Hä, pass fei bloß aaf! Des Loch spinnt! Des will mir roude Pommes odrahn! De nenntma bei uns Raner!
Loch:	*Hat das Wort „Raner" als Bestellung aufgefasst und akustisch falsch verstanden.* Ein Fanta?
Sepp:	*Immer wirrer:* Naa, koa Fanta! RANER! Rote Bete!
Loch:	Haben wir leider nicht!
Sepp:	*Schreit:* Des woaß i scho, zefix! I will ja koane Raner, i hob ja mit dem hinter mir gred! I will Pommes! Pommes groß und gelb! Doch ned rote Pommes oder weiße!
Loch:	Natürlich gelbe Pommes! Ich meinte nur, ob Sie sie mit Mayo oder Ketchup möchten!
Sepp:	Achso! *Überlegt kurz.* Naa, mit nix! Des hod koan Sinn! I sitz im Auto herin, i woaß genau, wia des wieder ausgeht! Wenn i an Ketchup iß, dann hauts mir den ganzen Schlätz wieder aaf mei Hosn draaf!
Loch:	Wie bitte?
Sepp:	*Deutlich, betont langsam und hochdeutsch:* Mit nichts! Das hat keinen Sinn nicht! Ich sitze im Auto herinnen und weiß genau, wie es ausgeht! Wenn ich einen Ketchup es- sen ... äh ... tue, dann haut es mir den ganzen ... Schlööz ... auf mein Beinkleid! Und jetza schau, dass du kochst! Des is doch nimmer normal, de ewige Fragerei!
Loch:	Möchten Sie ein Getränk?
Sepp:	Getränke habts aa?
Loch:	Natürlich! Möchten Sie ein Getränk?

Sepp:	Ja, a Weißbier!
Loch:	Tut mir leid, Alkohol haben wir nicht!
Sepp:	Ja hörst du schlecht? Ich will doch koan Alkohol, i mog a Weißbier!
Loch:	Wir haben nur Cola, Cola light, Fanta, Fanta light, Sprite, Sprite light, Wasser, Apfelschorle.
Sepp:	Ach du liebe Zeit!
Loch:	Sieben Sprite?
Sepp:	*Entnervt:* Naa! „Ach du liebe Zeit" hobi gsagt! Naa, des Glump mogi ned! Dann mogi nix!
Loch:	Gar nichts?
Sepp:	*Hysterisch:* Zum essen scho wos! Zum trinka willi nix!
Loch:	Mit Getränk ist billiger!
Sepp:	Wos?
Loch:	Mit Getränk ist es billiger! Ist ein Menü dann, ist billiger!
Sepp:	*Ungläubig, fast amüsiert:* Mooooment! Wenn i wos trink, kosts weniger, wia wenn i nix trink?
Loch:	Ja genau! Ist ein Menü dann!
Sepp:	*Lacht wirr.* Ihr habts doch an Vollvogl! Hä, wennst Feierabend host, dann kimmst mit mir in mei Stammwirtshaus und dann sagst zum Wirt: „Umsomehr wos da Sepp sauft, umso billiger wird's! Des sagst amal! Dann wirft di da Wirt hochkant ausse!
Loch:	Dann kein Getränk?
Sepp:	Naa, des Glump mog i ned! *Überlegt kurz.* Obwohl, wenns billiger is – dann nimm i a Cola! Owa des konnst drin glei wegschütten, weil i mogs ned! I nimms bloß, dass billiger wird! Oder woaßt wos – schütt a Apfelschorle weg, de is gsünder! Und jetza schau, dass do wos vorwärts geht! Des is doch a Wahnsinn! Im Wirtshaus daad i scho lang essen und do hocki jetza seit12 Minuten im Auto und schrei in a Loch eine! Also, dass des klar is, schreib mit: Ein Mick Jagger … ach, i bin scho ganz bläd … ein Chicken mekka, Pommes groß und oa Apfelschorle wegschütten!
Loch:	*Unbeeindruckt:* Möchten Sie eine Apfeltasche?
Sepp:	*Schreiend:* Naa, i mog koa Apfeltasche! Wos soll i denn mit ana Apfeltasche? I hob ja ned amal an Apfel! Dann brauch i aa koa Apfeltasche! Und wenn i an Apfel hätt, dann daaden

	in a normale Tasche eine! Do brauch i doch koa Apfeltasche ned! Zenalln! Des derf doch alles nimmer wahr sei!
Loch:	*Läuft langsam zur Hochform auf.* Wir haben Mexico-Wochen?
Sepp:	Wos?
Loch:	Wir haben Mexico-Wochen!
Sepp:	*Brüllend:* Des is doch mir wurscht! I hob Fusspilz und sogs aa ned an jeden! *Dreht sich wieder um zum Hintermann, der ungeduldig hupt und aufblendet.* I konn aa nix dafür! I waar ja scho lang weg, owa des bläde Loch lasst mi ja ned! I möcht wos zum essen und der Idiot erzählt mir, wo er in Urlaub war! A Wocha wara in Mexico! Des is mir so wurscht wia no wos!
Loch:	Wie bitte?
Sepp:	Nix bitte! I hob mit dem Mo im Auto hinter mir gred! I bitt di recht schee: Koch jetza und frog nimmer! Der hupt scho!
Loch:	Kennen Sie unser Menü Rambo?
Sepp:	Rambo?
Loch:	Rambo!
Sepp:	Wos is nacha Rambo?
Loch:	Ab 22 Uhr drei Burger zum Preis von zwei!
Sepp:	*Flehend:* I will owa oan Burger zum Preis vo oan! Ned drei zum Preis vo zwei oder acht zum Preis vo neun – i will oan Burger und aus! Schluss, Aus, Amen! Einen Burger!
Loch:	Nur einen Burger?
Sepp:	*Wieder aggressiver:* Und grouße Pommes gelb, himmelherrgott! Und a Apfelschorle wegschütten! Und aus!
Loch:	Wir hätten da noch die Aktion „Fit ins Bett"!
Sepp:	Fit ins Bett? Wos soll nacha des sei?
Loch:	Ab 20 Uhr jeder Salat die Hälfte!
Sepp:	Nix do! I mog koan Solod! Ich bin keine Kuh, ich brauche keine Milch geben, also fresse ich kein Gras!
Loch:	Wir haben auch die Aktion „Fett ins Bett"!
Sepp:	Fett ins Bett? Des kenni, des mach i jeden Dog! I geh immer fett ins Bett!
Loch:	Haha! Sehr lustig! Nein, das ist eine Aktion! Mayo zu jedem Gericht ohne Aufpreis!

Sepp:	Aso schaust aus! Jetza pass amal ganz guat aaf: Keine Fragen mehr! Du kochst jetza mein Chicken mekka und meine Pommes und schüttst a Apfelschorle weg und da Kaas is gessn!
Loch:	Sie möchten Käse?
Sepp:	*Mit bedenklichem Blutdruck:* Ich möchte keinen Käse! I mog des, wosi gsagt hob! Host des jetza ein für allemal kapiert? Aff!
Loch:	–
Sepp:	Hallo?
Loch:	–
Sepp:	Hä!
Loch:	–
Sepp:	*Außer sich zum Hintermann:* Jetza bockt er! Des is da Wahnsinn! Jetza bockt er! Bloß, weil eam dagegen gred hob, bockt er! Glei ziagen aussa, den Hanswurschtn!
Loch:	Hallo?
Sepp:	Aahh, do bist ja wieder!
Loch:	Äh … Pommes sind aus!
Sepp:	*Ungläubig:* Wos?
Loch:	Pommes sind aus, wir haben keine Pommes mehr!
Sepp:	Des derf doch ned wahr sei! Seit 20 Minuten woaßt du, dass i Pommes mog, und jetza sagst mir, dass koane mehr do san! Des derf doch ned wahr sei!
Loch:	Haben Sie einen anderen Wunsch?
Sepp:	Ja! Am Orsch konnst mi lecka!
Loch:	Normal, maxi, mega oder giga?

28

In bayerischen Wirtshäusern, von denen es gottlob noch vereinzelt welche gibt, ist es guter, allerdings leider auch immer seltenerer Brauch, dass gelegentlich ein Schafkopf getan wird. Wohlgemerkt: Getan, nicht gespielt! Demzufolge sagt man auch: „Wir tuen einen Schafkopf"! Die erste Vergangenheit dieser Aussage heißt übrigens „wir haben einen Schafkopf getan" und nicht, wie man vermuten möchte, „wir taten einen Schafkopf"! Klingt für Außenstehende und Deutschlehrer leicht seltsam, ist aber so. Man kann übrigens einen kurzen oder einen langen Schafkopf tun. Dies hat mit der Dauer des Spieles überhaupt nichts zu tun, auch nicht mit der Länge der Spielkarten, sondern mit deren Zahl. Denn wenn man viele Karten einer Farbe in der Hand hält, dann hat man diese Farbe nicht oft, sondern lang! Das Gegenteil hiervon wäre „blank", dann hat man nur eine Karte dieser Farbe, das krasse Gegenteil „frei", dann hat man diese Farbe überhaupt nicht. Sie sehen, liebe Leserinnen und Leser: Eine komplexe, nicht leicht zu durchschauende Materie! Und das war nur ein kurzer, oberflächlicher Einblick!

Aber jetzt weg von der Theorie und hin zur Praxis!

Beim Schafkopf gibt es neben den vier Spielern auch oft den „5. Mann", der als „Aufsitzer", gröber ausgedrückt als „Soachkartler", noch gröber ausgedrückt als „Brunzreserve" fungiert. Das heißt nichts anderes, als dass er Spieler vertritt, die vorübergehend ihre Blase entleeren oder gar Schlimmeres tun müssen. In dieser Phase hat der 5. Mann Redeberechtigung, ansonsten hat er den Mund zu halten und ebenso still wie andächtig das Spiel der Stammspieler zu verfolgen. Nur wenn er um eine rückblickende Analyse ausdrücklich gebeten wird, darf er seine Meinung kundtun.

In der folgenden Szene ist der 5. Mann nicht der planmäßige Ersatzspieler, sondern ein wissbegieriger und distanzloser Feriengast aus dem außerbayerischen Deutschland. Und so einer, der stört die Spieler A, B, C und D gewaltig

Beim Schafkopf

Gast: Äh, entschuldigen Sie bitte: Ist es gestattet?
A: Ha?
Gast: Darf man hier zugucken?
A: *Teilnahmslos, ohne Blickkontakt zum Gast:* Zugucken?
Gast: Bei Ihrem Kartenspiel! Ich hätte gerne zugeguckt! Ist es gestattet?

A: *Nach wie vor ohne Blickkontakt:* Nacha haude her!

Gast: Wie bitte?

B: *Missmutig, tadelnd:* Zefix, damma jetza Schofkopf oder damma mit Preißn ratschen?

C: Owa ehrlich!

A: *Beruhigend:* Glei hammas! *Zum Gast, erstmals mit kurzem Augenkontakt, auf einen freien Stuhl am Kopfende des Kartentisches deutend:* Nachher haue dich her! Dada!

Gast: Nachher?

A: Ned nachher, jetza glei! Des sagtma in Bayern aso: „Nacha haude her!" Des is unser Grammatik! Gegenwart Präsens Indikativ Futur!

C: *Abfällig grinsend zu A:* Klugscheißer!

D: Genau! Er wieder! *Macht eine überhebliche Kopfbewegung in Richtung A.*

A: *Von den Gehässigkeiten seiner Mitspieler unbeeindruckt, zum Gast:* Sitzde einfach her und bi staad!

Gast: Achso! Dankeschön! *Lacht anbiedernd.* Dann haue ich mich hin! Nachher! Haha!

D: No schau her, geht doch! Zeit is worn!

Gast: Haha! Äh …, Sie spielen wohl ein typisch bayerisches Spiel?

B: *Grantelnd:* Hoffentlich spielma bald wieder nach dem stundenlangen Schmaaz! *Mit vorwurfsvollem Blick zu A:* Weil der Herr muass ja Völkerverständigung betreiben, anstatt dass er spielt!

A: Jamei, a weng a Unterhaltung muass scho sei! Owa des begreifst du Bauernschädl ned! Seids ned so ausländerfeindlich! So jetza, weida geht's! Wer is Erster?

Der Gast setzt sich, bestellt eine kleine Traubensaftschorle, und die vier Spieler spielen weiter. Sie kommentieren die einzelnen Spielzüge mit für den Gast völlig unverständlichen Wortfetzen wie „hättstna aussaghaut, dann hätten eineghaut" oder auch „fünf Haxn und koa Chance ned". Gelegentlich werden auch zarte Fragen gestellt wie „worum schmierst denn ned, Rindviech?" oder „ja host du denn de Blau ned?". Besonders irritiert ist der Gast von der gesundheitlich bedenklichen Aussage des Spielers C, welcher steif und fest behauptet, er habe nur ein kleines Herz und die Eichel lang! Einige Zeit kann sich der Zuschauer zurückhalten, doch die Fragen, die er hätte, werden zusehends mehr, und irgendwann ist der Zeitpunkt erreicht, wo er seinen Wissensdurst stillen muss.

A:	Mit da Oltn!
Gast:	Wie bitte?
A:	Ich spiele mit der Alten!
Gast:	Wer ist denn das?
A:	Wer?
Gast:	Die Alte! So sagen Sie doch hier in Bayern zu Ihrer Gattin?!
B:	Scho! Owa zu da Oachlsau songmas aa!
Gast:	Zu wem?
C:	Zu der Eichelsau sagen wir auch Alte!
Gast:	Wer ist die Eichelsau?
C:	A Spielkartn, wos denn sunst!
Gast:	Wie bitte?
A:	*Laut:* Eine Spielkarte, was denn sunst!
Gast:	Ach, eine Spielkarte ist das! Und mit dieser spielen sie jetzt! Sie haben die Eichelsau und mit ihr spielen Sie jetzt!
A:	I hobs ned! I spiel mit ihr!
Gast:	*Irritiert:* Ja, aber Sie können doch nicht mit etwas spielen, was Sie gar nicht haben!
A:	*Missmutig:* Ha? Wos?
Gast:	*Neunmalklug:* Sehen Sie: Wenn ich mit einem Ball spiele, dann habe ich doch einen Ball!
A:	Scho!
Gast:	Und wenn ich mit einem ... äh, sagen wir, mit einem Spielzeug spiele, dann habe ich ein Spielzeug.
B:	*Zu A:* Do hoda recht!
A:	*Grantig zu B:* Halt di du do draus! Des is a Sach zwischen uns zwoa! *Deutet auf den Gast und sich und wendet sich dann an den Gast:* Scho klar – und wos soll des jetza bedeitn?
Gast:	Dass Sie nur mit der Alten spielen können, wenn Sie sie haben!
A:	Segst, und des is des! Schofkopf is a Intelligenzspiel! Do konnma aa mit ebbs spiln, wosma gar ned hod! De Olte muass oana suacha, dann wissmas glei, wo s' is!

Gast:	*Verwirrt:* Wie bitte?
A:	Die Eichelsau muss einer suchen!
Gast:	*Bückt sich.* Ist Sie Ihnen runtergefallen? Moment, ich suche sie! *Blickt suchend unter den Tisch.* Also ich sehe sie nicht! Wie sieht sie denn aus?
A:	*Amüsiert den Kopf schüttelnd:* Du brauchstas ned suacha! Hock di her und bleib sitzert! *In die Runde fragend:* Wer kimmt denn überhaupt aussa?
C:	*Vorwurfsvoll-ironisch:* Waarma dann wieder so weit, dassma zwischendurch wieder amal spieln kanntn? Oder hamm de Herren noch was zu besprechen?
A:	*Zu C:* Depp! Also, wer kimmt aussa?
D:	I! *Spielt Eichelkönig aus.* I schaus o!
Gast:	Wie bitte?
B:	Er schaut sie an!
Gast:	*Völlig verwirrt:* Wen? Wieso „sie"? Sind doch nur Männer da!
B:	Die Alte schaut er an!
Gast:	Die Eichelsau?
B:	Genau! Er schaut die Eichelsau an!
Gast:	*Zu C:* Aha! Dann haben Sie sie!
C:	Sisi? Wos sisi?
Gast:	Dann haben Sie die Eichelsau?
C:	I? I hob de Olte ned! Wennes hätt, daades ja ned oschaun!
Gast:	*Völlig konsterniert:* Wie jetzt? Sie können doch nur etwas anschauen, was Sie haben! Was man nicht hat, kann man doch nicht anschauen! Das sieht man ja nicht!
D:	*Frustriert und kopfschüttelnd zu den anderen Mitspielern:* Do faahlts vom Boa weg!
Gast:	Wie bitte?
B:	Da fehlt es vom Knochen weg! Aber des is jetza ned so wichtig. Pass amal aaf: *Er deutet auf C:* Er hat die Eichelsau nicht! Er will aber wissen, wer sie hat, darum sucht er sie. Und wenn einer eine Sau sucht, dann sagt man, dass er sie anschaut!
Gast:	Oh Gott, ist das kompliziert! Und warum sucht er sie? Er braucht doch nur zu fragen, wer sie hat!
A:	*Verdreht die Augen.* Des geht doch ned! Des is ja geheim! Des derf ja koaner wissen, wers hod, de Olt!

Gast:	Ein Geheimnis? Ja, aber wenn er sie sucht, dann weiß man es ja, wer sie hat! Dann ist das Geheimnis gelüftet!
A:	Genau! Dann scho, dann woaßma, wer zamm is!
Gast:	Wie bitte?
A:	Dann weiß man, wer zusammengehört! Der, der mit der Alten gespielt hat und der, der die Alte hat, die gehören zusammen! Und die anderen zwei auch!
Gast:	*Begeistert:* Aaaahh! Ich glaube, jetzt verstehe ich das! Es spielt also immer einer mit der Alten, und der ist dann zusammen mit dem, der die Alte hat. Und das weiß man erst, nachdem sie einer gesucht hat!
A:	Jawoll! Schau her, so dumm seids ihr gar ned, ihr Preißn!
Gast:	*Stolz:* Ein interessantes Spiel! Weil man ja vorher nie weiß, wer die Eichelsau hat!
D:	Mit da Bumpl konnst aa spieln!
Gast:	*Völlig baff:* Wie bitte?
D:	Du kannst auch mit der Bumpel spielen!
Gast:	Bumpel? Moooment! Bumpel kenne ich! So sagen Sie doch hier in Bayern zur Unterhose!
B:	*Anerkennend-überrascht:* Ja do schau her! Woher woaßt denn du des?
Gast:	*Erfreut, weil er gefragt wird:* Ich war gestern mit meiner Gattin im Wellnessbereich des Hotels, in der Sauna. Und meine Gattin trug ihren neuen Stringtanga! Und da sagte der einheimische Bedienstete, der den Saunaaufguss machte, anerkennend zu meiner Gattin: „Jawoll, des is a Hoserl! Do wenni an de Bumpl vo meiner Oltn denk!" Und so kamen wir ins Gespräch, und er erklärte mir, dass eine Bumpel eine eher geräumige Unterhose, insbesondere für Frauen, ist!
A:	*Nickt anerkennend und bestätigend.* Stimmt! Owa beim Schofkopf is d Schellnsau die Bumpel!
Gast:	Ach was!
A:	Wennadas sog!
Gast:	Und mit dieser kann man auch spielen?
B:	No frale!
Gast:	Wie bitte?

B:	Na freilich! Jederzeit! Es sei denn, du host koa Schelln! Dann konnst unbekannt mit ihr spieln!
Gast:	Unbekannt? Das kommt aber bei Ihnen nicht vor, oder? Sie kennen sich ja, Sie sind ja alle vier gut bekannt!
B:	Naa, so is des ned gmoant! Unbekannt hoaßt, dass ...
A:	*Unterbricht ihn:* Du, lass bleim, des hod koan Sinn! Bis du eam des erklärst, des dauert ewig! Spielma lieber weida. *Zum Gast:* Schau zu, dann lernst es schon! Ich erklär dir bloß no alle Sei, dass du woaßt, wos gspielt wird: Also, d Oichlsau is de Olt, d'Schellnsau is d'Bumpl und d'Grünsau is de Blau!
Gast:	*Amüsiert, aber auch verwirrt:* Die Grüne ist die Blaue?
A:	Haargenau!
Gast:	Und mit dieser kann man auch spielen?
A:	Jederzeit! Bloß ned mit da Herzsau, weil de is a Trumpf!
Gast:	Ein Trumpf?
A:	Ned so guat wia a Haxn, owa immerhin a Schmier!
Gast:	Ja, um Himmels Willen! Das verstehe ich nicht!
A:	Des daad jetza zu weit führn! Merke dir: In der Regel spielt man mit einer Sau! Des langt fürn Anfang! Der Rest, des san Feinheiten!
Gast:	*Grübelnd:* Ja, aber wieso heißt dann dieses Spiel Schafkopf, wenn man nur mit Säuen spielt? Es müsste dann doch Saukopf heißen!
D:	*Grantig-aggressiv:* Jetza bist owa staad, gell! Weil wenn do oaner a Saukopf is, dann bistas du! Glaubn möchstas ned!
Gast:	*Empfindlich getroffen:* Bitte beleidigen Sie mich nicht! Ich habe nur höflich gefragt!
D:	Des is doch mir wurscht, Saukopf! Da fünfte Mann hod sei Bappn zum haltn!
B:	*Zum Gast:* Do hod er vollkommen recht! A Ruah is jetza! Mir samma a Schofkopfrundn und koa Debattierclub! Kaafda a Schofkopfbiacherl, wennstas lerna willst!
Gast:	*Empört:* Ich gehe jetzt! Bei so ordinären Menschen fühle ich mich nicht wohl! Herr Wirt, bitte zahlen! Eine kleine Traubensaftschorle! *Zahlt und geht wortlos und einge-schnappt.*

A: *Grinsend:* Servus nacha! *Zu den Mitspielern:* Also i woaß ehrlich ned, warum des Spiel Schofkopf hoaßt, obwohlma mit Sei spielt! Owa an Preißn Recht gem? Des waar ja no scheener! Also, weida gehts, Sauköpf!

*So sehr es die Frauen lieben, sich neu einzukleiden und bald hier, bald dort
10–20 Textilien und 87 Paar Schuhe zu probieren und dann doch nicht zu
kaufen, so verhasst ist es den meisten Männern, zumindest mir, sich auch
nur eine Mindestausstattung an angemessener Kleidung zu beschaffen. Ab-
gesehen von der nervenaufreibenden Probiererei kommt es nicht selten auch
zu peinlichen Entwicklungen, die einen in den Online-Handel treiben. Denn
im sicheren heimischen Hort kann es einem wurscht sein, wenn man die
Luft anhält, um in ein halbwegs modisches Beinkleid zu passen. Aber noch
ist es nicht soweit – man wird von weiblicher Seite gezwungen, ein Herren-
modegeschäft aufzusuchen, und dann ist man wieder den Unwägbarkeiten
der öffentlichen Zurschaustellung ausgeliefert.*

's Hosnkaffa

Wenn i wos ned mog, dann is des 's Hosnkaffa.

Nach mir wenns gang, dann langert a Hosn zehn Johr, eventuell sogor
20 Johr. Owa i bin verheirat, und drum gehts ned noch mir.

I kenn des ganz genau, wenns wieder ernst wird. Dann schaut mi mei
Wei ganz langsam vo obn bis untn o und sagt: „Schau di o, wiasd wie-
der ausschaust! Du brauchst unbedingt a neie Hosn!"

Den Satz wenn i hör, des trifft me wia a Messerstich. Liawa hau i an
Ster Holz aaf Zahnstocher her, Buchenholz(!), bevor dass i a Hosn kaaf.

Owa du host keine Chance: Am naxtn Dog gehts in da Friah um achte
mit unsere zwoa Kinder in d'Stod zum Hosnkaffa. Völlig unnötig, weil
i hob ja a Hosn!

Wenn i im Kaufhaus de Masse an fremde, fast feindliche Leit seg, dann
kriag i scho so einen Zorn, wal 's Hosnkaffa is für mi a intime Sach. Do
brauch i ned tausend Deppn, de do zuaschaun. Owa mei Intimität war
mein Wei scho allaweil wurscht, und ab gehts in d'Folterkammer, aaf
deitsch Herrenmodenabteilung.

Kaam samma obn, muass mei kloane Tochter biesln. Also, wieder owe
ins Erdgschoss zum Biesln. Noch zehn Minutn is a Klo frei, und noch
20 Minutn samma wieder in da Hosnabteilung.

I schau bei de 52er Hosn. „Wos duast denn du do?", fragt mi mei Wei.
„A Hosn suachama aus. Mir kaffma doch a Hosn! Oder ebba doch ned?"
In mir keimt a Hoffnung, dass ihrs anders überlegt hod. Hat sie nicht!

„Du woaßt genau, dass dir a 52er ned passt mit deiner Wampn!", sagts. Vereinzelte Leit ham des ghört und schaun mitleidig aaf mei sogenannte Wampn! I hob eigentlich gar koane, des Hemad tragt bloß unheimlich aaf! Do is sie schuld, weils allaweil Hemada kafft, de so aaftrognd! Aaf mein verzweifeltn Hinweis, dass i abnehma will, gehts gar ned ei. „Seit 15 Johrn kenne di, seit 15 Johrn willst abnehma und seit 15 Johrn nimmst zua! Dir passt koa 52er, du brauchst a 54er oder a Zwischengröß!"

Also guat, Widerspruch bringt nix außer Streit mit Zuschauern, schauma bei de 54er und bei de Zwischngrößn.

Jetza kimmt a Verkäuferin daher. A bildsauberne junge Verkäuferin. I hob nix gega bildsauberne junge Verkäuferinnen, im Gegenteil. Owa beim Hosnkaffa, und bsonders, wenn du a Zwischngröß brauchst, do waar mir a olte greisliche liawa.

„Brauchen wir eine Hose für den Gatten?", fragt de Verkäuferin. „Ja", sagt mei Wei, „a legere und a feine fürs Büro!"

Wos? I glaub, i hör ned recht. Zwoa Hosn aaf oamol??? Ja, hamma mir an Geldscheißa dahoam?

„Trägt der Gatte den Bund über dem Bauch oder unter dem Bauch?", sagt d Verkäuferin und schaut aaf mei Hemad, des wos aso aaftragt.

„Meistns hängta eam drüber!", sagt mei Wei.

Wenn du sowos hörst, do kimmsta vor, wia wennse zwoa Viechhandla iwa a Sau unterhaltn. Und iwahaupt, wos hoaßt do Bauch? Jetza hoben wega dera scheena Verkäuferin aso eizogn, dass direkt weh duat.

I werd gar nimmer gfragt. I kriag den Befehl, dasse in da Kabine drin wart und d'Frau und d'Verkäuferin suachand für mi Hosn aus. Kurz draaf kimmt mei Wei mit drei Hosn in d'Kabine eine und sagt: „Probiern!" Koa „bitte", koa „daadsd vielleicht", bloß eiskalt „probiern!" Wia a Feldwebel!

Mit Ach und Krach kimme in de erste eine und geh ausse zum Begutachtn.

Mei Wei ned do, meine Kinder ned do, d'Verkäuferin ned do. Lauter fremde Leit.

Jetza steh i do wie ein Depp mit meine weißn Strimpf, oana hod am rechten Ringzeha a Loch, alle Leit gaffand mi o, bloß de ned, de mi ogaffa solln. Manche lacha, andere, meist männliche Menschen, ham

Mitleid und schaun mi mitfühlend o. Des san vermutlich Kameraden, de so kritische Situationen aa scho mitgmacht ham.

Noch fünf Minutn kemmands wieder, weil de Kloa is davogrennt, de hamms aaf da Straß draust fanga miassn.

„Und?", sagt mei Wei.

„De Hosn passt!", sog i und halt d'Luft o, dassi halbwegs reden konn. „Ja, spinnst denn du? Schau di amal o, wia du ausschaust! Wia a ab-bundne Wurscht! Dua de Hosn owa, du kriagst a Gürtlrose mit dera enga Hosna! Jetza gehst wieder in dei Kabine eine. Und 'n Kloan nimmst aa mit, dass i in Ruhe aussuacha konn!"

Also guat, i geh mit meiner enga Hosn und mein zwoajährigen Buam wieder in d'Kabine eine. Kurz draaf bringtsma drei 27er Hosn. Des is a Zwischngröße für Leit, de für ihr Gwicht zu kloa san. Bei de Zwischen-größen ist entweder da Fuaß z'lang oder sie reibt unangenehm aaf da Brustwarzn.

„Probiern!", sagt mei Wei.

I setz mein Buam aaf d'Erd, dass i in Ruhe probiern konn. Kaam sitzta durt, fangta 's Schrein o. I nimmna wieder aaf mein Arm und probier mit dem Buam de Hosn. Er schreit weiter, und bis i schau, speibta. Genau aaf de 27er Hosn!

Des ganze Johr speibt der Fratz ned. Der kannt dahoam Dog und Nacht speim, tut er nicht! Owa naa, jetza speibta! Aaf de Hosn, de wos mir no gar ned ghört. I reiß schnell de Hosn wieder owa, und wia i grod in da Unter-hosn drinsteh, reißt mei Wei 'n Vorhang aaf und sagt: „Wo bleibst denn?"

Mindestens zehn Leit, inklusive de scheene Verkäuferin, stenga vor da Kabine und hamm de größte Freid mit mir. Voller Zorn reiß i den Vor-hang wieder zua. Anscheinend mit zuvül Zorn, weil jetza reißta ab und liegt aaf da Erd.

Jetza steh i praktisch dodal im Freia. I in da langärmligen graua Win-terunterhosn, danebn mei vollkotzs Kind. Ein Bild des Grauens und des Ekels!

A Haffa Leit san scho zammgrennt und griaßn aaf mi eine. Manche kennan mi und winken mit an freindlichen „Servus Done! Alles klar?" Nix klar! A Loch wenn im Erdbodn waar, daad i sofort eine, owa es is koans do. Voller Zorn ziag i mei olte Hosn wieder o, pack mein voll-kotzn Buam und geh ausse.

„De Hosn", sog i zu mein Wei, „de nehma jetza. De hamma eh scho vollgspiem! De is anderweitig unverkäuflich!"

Mein Wei is des Ganze aa scho zwida, und mit da vollgspiema 27er Bürohosn um 109 Euro gemma hoam.

De legere Hosn, de kaffma's naxte Mal.

*Mit Kindern zu telefonieren ist oft recht amüsant. Manchmal aber auch nerv-
tötend, vor allem, wenn das Kind ein großes Mitteilungsbedürfnis hat und die
Eltern im Moment aus verschiedenen Gründen nicht greifbar sind. Der Mann im
folgenden Telefongespräch hat eine Nummer gewählt, unter der in der Zeitung
ein günstiger Gebrauchtwagen angeboten wurde und er Interesse daran hätte.*

Das Telefongespräch

Es tutet. Es wird abgehoben, aber niemand meldet sich.

Mann:	*Nach längerem Warten:* Hallo?
Kind:	Haaallo.
Mann:	Ah, jetza is wer do. Wer bist denn nacha du?
Kind:	Haaallo.
Mann:	Ja, hallo. Is dei Papa do?
Kind:	–
Mann:	Hallo?
Kind:	Haaallo.
Mann:	Ja, hallo! Jetza hammas scho dreimal gsagt, des langt! Wer tust denn du sein?
Kind:	Haaallo!
Mann:	Ja kruzenäsn – hallo! Is dei Papa do?
Kind:	Papa.
Mann:	Genau, da Papa. Isa do, da Papa?
Kind:	Paaa-pa.
Mann:	*Genervt und deshalb lauter:* Ja, da Papa. Is da Papa dada?
Kind:	Haaallo.
Mann:	Ja, hallo. Passt scho jetza. Wo tut denn dei Papa sein? Sags mir amal schön!
Kind:	Papa sitzen.
Mann:	Wos? Papa sitzen? Hamms dein Voda eigspirrt?
Kind:	Papa Klo sitzen.
Mann:	Ach du Scheiße!
Kind:	Seise derfma nicht sagen. Seise is ein böses Wort. Tut Himmelpapa zimpfen!
Mann:	Stimmt. Entschuldigung! Wollt i ned sagen! Is dei Mama dada?

Kind:	Ma-ma.
Mann:	Jawoll, d'Mama. Tut sie da sein? Wo is denn, d'Mama?
Kind:	Mama hat Papa lieb.
Mann:	Des gfreitme, des is super! Owa des isma jetza momentan eigentlich wurscht. Is da, dei Mama?
Kind:	Mama Papa schmusen.
Mann:	Toll! *Nach kurzem Zögern angewidert:* Wos? Schmusen? Wenn er am Klo sitzt? Des gibts doch ned, pfui Deifl. Wos host denn du für Eltern?
Kind:	Papa Klo. Mama nicht Klo.
Mann:	Aso, ja, ok. Wo is denn dann, dei Mama?
Kind:	Papa hat Mama lieb.
Mann:	Wahnsinn. Des find i echt guat, des host aa scho erwähnt. I hob eich aa alle lieb. Owa jetza sogma um Gottes Willn, wo dei Mama is. I möchte nämlich eventuell eier Auto kaffa. Auto kaufen!
Kind:	Auto putt.
Mann:	Auto putt? Eier Auto is hi? Des is schlecht!
Kind:	Ein Auto is putt und ein Auto is nicht putt.
Mann:	Habts ihr zwoa Auto oder wos? Mensch Kind, hol halt bittschön dei Muada, sunst werd i narrisch!
Kind:	Mein Auto putt!
Mann:	Dei Auto? Host du scho a Auto?
Kind:	Lego-Auto putt.
Mann:	Achso, dei Lego-Auto is hi. Jetza hostme fei ganz schee daschreckt.
Kind:	Norbert Auto puttmacht. Norbert is böse.
Mann:	Da Norbert wars? So ein Krippl! Mei Liawa, den wenne dawisch! Macht der des Auto putt, der Pharisäer, der greisliche!
Kind:	Norbert is ganz böse. *Weint bitterlich.* Huhuhu!
Mann:	Du brauchst jetza ned weinen. Wenn i'n Norbert triff, dann tuen schimpfen, do konnst di draaf verlassn. Und jetza sagstma bittschön, wo dei Mama is. Bitte! I hob ned ewig Zeit!
Kind:	Mama tut tochen.
Mann:	Mama tut tochen?
Kind:	Mama tut a Snitzl tochen.

Mann:	*Grübelnd:* Snitzl tochen? Hm …, achso, dei Muada kocht a Schnitzl. Jetza kapieres erst! Snitzl tochen! Des is wos Feins. Gell, du magst aa gern a Schnitzl?
Kind:	–
Mann:	Oder ned? Tust du gern ein Schnitzel mögen?
Kind:	–
Mann:	Hallo! Bist du no do?
Kind:	–
Mann:	Haaallo! … 'zenalln, wo isa denn jetza hi, der Fratz, der elendige?
Kind:	Auto putt.
Mann:	Aa, do bist ja wieder. Ja, i woaß scho, dei Lego-Auto is hi. Des is mir jetza aa wurscht. Jetza hol amal dei Muada, sunst draah i durch!
Kind:	Du bist böse!
Mann:	I böse? Warum i? I hob doch dei Auto ned higmocht. Da Norbert wars, des host du selber gsagt! Da Norbert is da Böse, i bin da Gute!
Kind:	Norbert böse!
Mann:	Ja genau! Jetza hostas kapiert! Owa bitte hol die Mama oder den Papa, bitte!
Kind:	Mama tut Snitzel tochen, Papa tut Klo sitzen.
Mann:	Mensch Meier, wos is denn des für a Familie? Sie kocht'n ganzn Dog und er hockt am Abort! De soll ned dauernd kocha, dann muass er ned dauernd schei… äh, dann muss der Papa nicht allerweil A-A machen! Is da Opa do?
Kind:	Opa putt.
Mann:	Opa putt? Der aa? War des aa da Norbert?
Kind:	Opa putt und jetzt is Opa Engelein im Himmel.
Mann:	Achso, isa gstorm. Des is zwider. Und dei Oma?
Kind:	Oma tut weinen.
Mann:	Ja, logisch! Wenn er putt is, muass sie weinen, des is klar! Du, sag amal da Oma, sie soll's Weinen aufhören und ans Telefon kommen. Sog ihr, a Mann is dran, der will's Auto kaufen. Sags amal der Oma!
Kind:	Auto putt.
Mann:	*Hysterisch:* Ja 'zefünferl, des woaß i scho. Da böse Norbert wars. Da Deifl sollna holn, den Deppen. Koa Muada do,

	koa Voda do, bloß allaweil des oaschichtige Kind am Te-
	lefon. I glaub, i spinn!
Kind:	*Begeistert:* Pa-pa.
Mann:	Papa, Papa. Du konnst mi kreizweis mit dein Voda! Der
	konnma'n Bugl owarutschn. Und dei Muada, de bläde
	Hehn mit ihrane zaundürrn Schnitzl aa. Und wenn i eier
	Opa gwen waar, nacha waar i aa gstorm, dassi eich Ba-
	gasch nimmer seg. Aso a Deppnhaffa wia dei Familie is
	mir aa no ned begegnd. Lauter Irre mit schwache Darm
	und Kochwahn!

Inzwischen ist der Vater des Kindes am Apparat.

Vater:	Hallo? San Sie varruckt? Wos bildn Sie Eahna überhaupt
	ei? Wia reden denn Sie mit mir?
Mann:	Ah ... ah ... i glaub, i hobme verwählt! *Legt auf.*

Es gibt Männer, die handwerklich begabt sind und es gibt mich. Mit Worten kann ich halbwegs umgehen, mit Gebrauchs- und Aufbauanleitungen nicht, überhaupt nicht!

Der Schuhschrank

Bei uns dahoam is des aso: De ganzn Schuah stengan in da Diele umanand. Vo da ganzn Familie. I persönlich hob ja gar ned so viel, weil mehr wia zwoa aaf oamol konnst ned braucha. I hob insgesamt zwoa Haxn, also brauch i insgesamt zwoa Schuah pro Jahreszeit. Owa mei Wei und d'Kinder, de hamm so viel Schuah, do kannst moana, a jeds hod zehn Haxn, Minimum!

Des schaut fei ned guat aus, de ganz Diele voller Schuah. Und es is aa wegan Duft. Manchmal dampflts mords. Im Sommer, wenns hoaß und schwül is, do graust dir manchmal vor de eigenen Schuah! Und außerdem: Für mi is d'Diele die Visitenkarte eines Hauses! Wenn do a Bsuach kimmt und segt den Verhau in da Diele, der denktse: „Des muass a Saustoll sei beim Lauerer, wenns in da Diele scho aso ausschaut und aso schmeckt!"

„Aso geht's ned weida", hob i mir denkt, „do geht's um mein Image, mir brauchma an Schuahschrank! I fohr in d'Stod und kaaf an Schuahschrank!"

I hob dann oan kafft. An guatn. Echt Spanplattn! Mit Original Kunststoff furniert. Gehobene Qualität, 129 Euro, also wos Nobles! Zum Selberzammbaun, weil des konn jeder Depp. Also i aa.

I hob de Drumm Schachtl hoamtrogn, bleischwaar wars, nacha howes auspackt.

A Haffa Zeig war do drin: Bretter, Schräuf, Dübln, Nägl und ganz untn a Gebrauchsanleitung. De is fürs Zammbaun unentbehrlich, drum howes aussa.

Obn is drübergstandn „Made in Korea". Oläck, a koreanischer Schuahschrank! Ja mi host ghaut. Mit dem hob i ned grechnet. Owa jetza is scho wurscht. Kafft is kafft. Schauma holt amal. Und außerdem, i will mi ja ned unterhaltn mit eam, also is sei Herkunft und sei Sprache sekundär! De Gebrauchsanleitung is koreanisch gschriem gwen. Lauter Strich und Punkterln und Hakerln, iwahaupt koa normaler Buchstabn. Owa

Gottseidank wars mehrsprachig, und als sechste Sprache howe Deitsch gfundn. Oganga is aso: „Du gekaufen Schranken Schuh, wir kradulieren Dich dazu!"

Gratulierns mir, weil i den Schrank kafft hob! Noja, zwar ned fehlerfrei, owa immerhin fast deitsch. Dass de glei per Du mit mir san? I kenn in Korea koan Menschn. Is wurscht, z'erst amal muass i schaun, ob alles do is. Weil wenn a Drumm fahlt, host beim Zammbaun keine Chance.

Also, wos hamma an Material drin?

„Zwei Bretten für jeden Seiten". Des san praktisch d'Seitenbrettln. Kontrollblick: Jawoll, san do!

„1 Ruckenwand mit Loch geboren". Des is d'Ruckwand mit an gebohrten Loch. Zu „gebohrt" sogn de „geboren". Wahnsinn! Mei, wia sollnses aa wissn in Korea, do muassma nachsichtig sei mit de Koreander. Kontrollblick: Jawoll, Ruckenwand is do!

Dann san no fünf Einlagebrettln drin gwen, de hamm in da Beschreibung ghoaßn „5 Bretten für Parken das Schuh". Eigentlich logisch, weil do parktma praktisch seine Schuah. Mensch, apropos: Hoffentlich passnd meine Schuah do eine! I hob Schuahgröß 44, und de Koreander hamm doch so kloane Fiaß! Des woaße vom Fernseh, de san alle so kloa! I hob amal an koreanischen Spielfilm gseng und hob mir denkt: „Ja Mensch, warum stenga denn de ned aaf? Derweil sans scho gstandn!"

Owa mei, hilft nix, jetza howen scho, mein Schranken Schuh, i konns nimmer ändern. Kontrollblick: Jawoll, Bretten für Parken Schuh san komplett!

Also, weida gehts: „10 mal Glied von Eisen für Scharnierung"! Des san zehn Scharniere. Kontrollblick: Jawoll, Glieder von Eisen vollständig anwesend!

„18 Dubelen" war des Nächste. I hob kurz überlegt, dann howes kapiert: Des san 18 Dübel, alle vorhanden, passt!

„20 Schraubung" san 20 Schreif, de warn aa do.

Und dann no „versieden Stiften Stahl" – des san a Haffa Nägl.

Aaf d'Letzt is no durtgstandn „1 Wunt". Wos des is, woaße bis heit ned. I hob aa koan Wunt entdeckt, wahrscheinlich wars a Druckfehler oder d'Schachtel hoaßt aaf koreanisch Wunt.

Also, 's Material is do. Jetza gehts ans Zammbaun. Schauma in d'Montageanleitung, „Fahrplanen für Montierung" hod des ghoaßn.

„Als erstes nehmen wir zur Hand Bretten für den Seitenwand." Des reimtse. Und de zwoa Seitnbrettln hammand sogar an Nam ghabt: „Bretten A hod oans ghoaßn und 's andere Bretten B".

Und wos muass i mit de Brettln dua? „Wir verbinden Bretten A und Bretten B mit Fixierungsbretten!" Fixierungsbretten? Wos für a Fixierungsbretten? Von an Fixierungsbretten howe nix glesn. War aa koans drin, zenalln!

I wollt scho mein Wei schrein, dassma hilft, dann howe Gottseidank weidaglesn: „Als Fixierungsbretten wir nehmen Bretten für Parken das Schuh."

Aaah! A Einlagebrettl muass i do hernehma. Und wia fixier i des? „Mit Schraubung auf jeder Seiten zwei". Genau, aaf jeder Seitn zwoa Schreif. Owa wia soll des geh? Mit da linken Hand muass i Bretten A haltn, mit da rechtn Bretten B. Und mit wos soll i schraufa? I hob bloß zwoa Händ. Vielleicht hamms in Korea vier? Hilft nix, i brauch mei Wei. „Hä du! Kimm her, du muasst mir helfa!"

„I konn ned, i back an Kuchen!", schreits aus da Küch aussa. Des is typisch! I zbrichma'n Kopf, dass unser verhaude Diele scheener wird, und sie? Sie backt an Kuchn.

Wahrscheinlich kimmt wieder irgend a Freindin zum Ratschn, de zu viel Zeit und zu viel Gwicht hod und nacha saffans an Liter Kafä und mampfand an Ster Kuchn. Typisch!

„Du muasst kemma, i schaffs ned alloa!", schrei i. Nacha is aussa aus da Küch.

„Do schau her", howe gsagt, „i muass de zwoa Brettln holtn und du muasst des Fixierungsbretten droschraufa! Mit Schrauben auf jeder Seiten zwei!"

Wos sagt mei Wei? Was sagt meine Ehefrau?

„Legs hi, na gehts, Blädl!", hods gsagt und is wieder eine in d'Küch.

Es ärgert mi scho, wenn de Blädl zu mir sagt, owa no mehr ärgert mi, wenns recht hod. Do kannt i narrisch wern. De schaut oamol hi, na woaß, wias geht. I konn zehnmol hischaun und woaß no ned. Des is zum Verzweifln. Owa des is jetza aa wursht, i muass weida zammbaun.

I leg de zwoa Bretten Seiten hi, und des Fixiern geht einwandfrei. Bis i schau, howe alle fünf Einlagebrettln drogschrauft. Jetza schaut des Ganze scho guat aus, fast scho in Richtung Schranken Schuh.

Wos kimmt als nächsts?

„Wir fügen ein Ruckenwand in Schlitz, welcher vorgefräset."

Aha! D'Ruckwand in den Schlitz eine! D'Ruckwand is do, owa wo is da Schlitz? I find ums Varrecka koan Schlitz. Wos soll i jetza dua? Ohne Schlitz? Des is typisch! Do rennands in Korea alle mit Schlitzaugn umanand, owa wenns draaf okimmt, hamms koan Schlitz! Obwohl, wenn i aso nachdenk: Eigentlich brauch i gar koan Schlitz. I nagl de Ruckwänd einfach hintn dro, na halts aa. Nägl, Stiften Stahl aaf koreanisch, san ja a Haffa do. Und außerdem segt des koa Mensch, ob des gnaglt is oder ob do a Schlitz is, wal d'Ruckwand is ja hint. I hob dann de Ruckwand ognaglt wia da Deifl, mit mindestens 25 Nägl. De holt ewig! „Nimmst du viele Stiften Stahl, halt de Wänd aaf jeden Fall!" – a olts koreanisches Sprichwort!

So, jetza howe no an Haffa Zeig. Zum Beispül „10 mal Glied von Eisen für Scharnierung." Wos dua i mit de Scharniere? Halt, do stehts: „Es ist ein Loch geboren, du stecken Glied hinein." Wahnsinn! Wiase des ohört. Direkt ordinär! Owa mei, wia will der Koreander, der wos des gschriem hod, wissn, dass des in Deitschland so pornografisch klingt. I hob direkt lacha miassn.

Owa's Lacha isma dann glei verganga. Es war nämlich koa Loch geboren. Ned oans. Des gibts doch ned, wo san de Löcher? I hob zehn Glieder und koa Loch. Do stehst fei ganz schee dumm do, mit an Haffa Glieder und so ganz ohne Loch.

Aafamal seges: De Löcher san aussn an de Bretten Seiten dran. Ja, wos soll jetza des? I konn doch d'Scharnierln ned aussn drodua. Do helfands nix.

Des is typisch Korea. D'Löcher außen! Dodal sinnlos! Und do gibts Leit, de kaffanse a koreanisches Auto. Do is wahrscheinlich 's Lenkradl im Kofferraum drin!

„Hä Wei, kimm her! Des muasst dir unbedingt oschaun!", howe gschrian. Sie is mit de Händ voller Kuchendoag aus da Küch aussa. „Wos isen scho wieder?", hods gsagt.

„Do schau her", howe gsagt, „wos de für a Glump herstelln. De Löcher für d'Scharnierln, de san außn! Es ist ein Loch geboren! De san falsch geboren! Lauter Deppen!"

Was sagt meine Gattin?

„Drah d'Brettln um, nacha sans innen, Blädl!", hods gsagt und hod mi stehlassn wia an Deppen.

Des Wei mocht mi no narrisch. De hod nämlich scho wieder recht. De schaut hi und segts. I wenn hischau, i segs ned. I hob tatsächlich de

Bretten Seiten verkehrt umdraaht, drum san d'Löcher außn. Wos soll i jetza dua? I hob praktisch alles scho fixiert. Und wia, mit ca. 25 Stiften Stahl! I bring de Ruckwand nimmer owa, aso howe de drognaglt. Und bloß, weil i koan Schlitz gfundn hob. Apropos Schlitz: Der war scho do. Owa ned obn, sondern untn, weil i de Bretten falsch umdraht hob. Wissts, wos i do hob? Zammghaut howe des ganze Glump! Nacha hamma halt koan Schranken Schuh. Is bisher aa ohne ganga. Ned amal gscheit brennt hoda.

Und oans sog i abschließend aa no: Wem unser Diele mit de Schuah ned gfallt, der soll draussn bleim!

Es gibt den alten, vor allem bei Männern anerkannten und angewandten Spruch: „Lieber den Magen verrenkt, als dem Wirt was geschenkt!", „lejwa 'n Mong vorenkt, wej n Wirt ebbs gschenkt!" auf Oberpfälzerisch. Das heißt nichts anderes, als dass das, was man in einer Lokalität bezahlt, gefälligst auch gegessen wird! Fatal kann es allerdings ausgehen, wenn das Motto heißt: Erst bezahlen, dann essen, was und so viel man will, „all you can eat", wie es heute so schön altdeutsch heißt. Ein Beispiel für diese Art der Nahrungsaufnahme ist

Der Brunch

Seit meiner Geburt verfolg i ein Ziel: I will abnehma! Owa seit meiner Geburt nimm i zua! Nach langer Zeit und intensiver Selbstbeobachtung hobi de Ursache aussakriagt: Des kimmt eindeutig vom Essen! De fatale Ergänzung is bei mir aa no 's Trinka!

Owa du host keine Chance! Dauernd muasst du essen, dauernd und überall! Du wirst gezwungen, teilweise von der eigenen Frau!

Mei Wei hod zum Beispiel vor kurzem zu mir gsagt, mir miassma unbedingt amal zu an Brunch geh.

„I mog koan Brunch", hob i gsagt, „und außerdem woaß i ned, wos des is! I hobs zwar scho amal glesn, owa i war no nie durt und will aa ned hi!"

Sie hod gsagt, wer heitzudogs no ned bei an Brunch war, der is ned in.

„Wenn des aso is", hob i gsagt, „dann gemma halt hi, weil in will i scho sei."

I hob dann im Lexikon nachgschaut, wos a Brunch genau is. Des is Englisch, drum sagtma „Bransch", und schreim duatma „Brunch". 's Tunwort hoaßt „branschn" und schreim duatma „brunchen". Es handelt sich do angeblich um a Mischung aus Frühstück und Mittogessn. „Des konn wos wern", hob i mir denkt, „wahrscheinlich a Schweiners mit Cappuccino! Oder a Honigsemml mit Blaukraut! Naja, wermas seng! I lass mi überraschen."

Na samma zum Brunchen. Mit de zwoa Kinder. Glei am Eingang da erste Schock: Do muasst zahln, bevor dass du überhaupt wos kriagst! 17 Euro pauschal pro Erwachsener und für d'Kinder a Zehnerl pro Zentimeter Körpergröße. Dafür Essn, Kafä und Tä noch Belieben, unbegrenzt.

Also, des geht ja guat o! 34 Euro für mi und mei Wei zahln, ohne dass i woaß, wos i dafür kriag. D'Kinder hamms gmessn, dass gwisst ham, wos verlanga miassn.

Und wos macht unser Herr Sohn? Anstatt, dass er sich duckt und mir a weng beim Sparn hilft, streckta sich wie ein Giraff, weil er stolz is, dass er mit sieben Jahrn scho so grouß is.

Vo unserer Tochter will i gar nix sogn. De is zwölf Jahre olt und hod so moderne Schuah anghabt mit hohe Absätz. Bei dera hamm d'Schuah alloa scho oan Euro und 70 Cent kost.

„'s naxte Mal, falls mir wieder amal brunchen, dann kimmst du mit flache Sandaln", hob i zu ihr gsagt, „dassdas woaßt!"

„Und wenn ein Schnee liegt?", hods gfragt. „Dann kimmst barfuaß, dass d'Sandalen ned noß wern!"

Langer Rede kurzer Sinn: De zwoa Kinder hamm mitanand 27 Euro 40 kost! Wennsase a bissl zammgrissn hättn, also duckt und vernünftige Schuah, dann wari locker mit 22 Euro davokema!

Nacha samma eine in den Speisesaal.

I hobma denkt, mi trifft da Schlog. Do war ein Büffett aafbaut, sowos hob i in mein ganzn Lebn no ned gseng. Da dodale Wahnsinn: Hummer, Lachs, Shrimps, Austern, Kaviar!

Owa aa guade Sachen: Pressog, Leberkaas, Gockerlhaxn!

Und Salate. Und Obst. Und a Haffa warms Zeig: Lasagne, Cordon bleu, Schweiners mit Knödl, Schnitzl, Bommfritz, Nudeln.

Und Nachspeisen, Desserts hamms ghoaßn: Schokocreme, Nusscreme, Eis und no einiges, des wos i gar ned kennt hob. Und Kaas in Massen, weil der schließt den Magen. Und den muasst du verschließen, wenn so viel drin is!

Ja, wenn des aso is, hob i mir denkt, dann is des wos anders! De 34 Euro verfriss i locker und de 27 Euro 40 vo de Kinder notfalls aa, falls de wieder nix essn! De san dermaßen heikel, denen schmeckt ned amal a Backsteinkaas!

I wollt glei mit an drumm Teller hi aaf des Büffett und wos holn. Owa mei Wei hod gsagt, des hod koan Stil, wennma glei hirennt. Z'erst miassma uns hisitzn und wos zum Trinka bstelln. Also guat, wenns moant, dann bstellma halt zerst, dassma an Stil hamm!

's Wei und i hamma an Kafä bstellt, d'Kinder wolltn a Spezi. „Ihr saffts an Tä", hob i gsagt, „der kost nix!" Owa 's Wei hod gsagt, se kriagn a Spezi. Und wenn s Wei des sagt, dann kriagn de a Spezi! Man könnte drüber diskutiern, bringt owa nix. Weil de kriagn dann trotzdem a Spezi und i muass bloß no länger aafs Essn wartn. Des war mir dann aa wurscht, wos de zwoa trinken. Aaf jedn Fall bin i glei danach hi ans Büffett! Zerst amal a halberts Pfund Lachs am Teller affeghaut. Weil grad beim Brunch gibts Leit, des hobi amal beim Doktor im Wartezimmer in da Illustrierten glesn, de san dermaßen rücksichtslos und fressnd de ganzen deiern Sachen als ersts weg. I hobma denkt, bevor dass so a Prolet kimmt, friß liawa i den Lachs. Zum Lachs hob i no an Heringssalat mit rote Bete dazuado, weil des hod farblich recht guat harmoniert, des blasse, fast ungsunde Rout vom Lachs und des kräftige Rout vom Heringssalat. A poor Tintenfischringe süßsauer zwecks'n Eiweiß, und dass a weng wos Herzhafts dabei is, hob i obn draaf zwoa Scheibn routn Pressog glegt. Und drei Brezn, dass ned zu gaach wird. War nicht schlecht, der kloane Vorspeisenteller! Wia des gessn wor, hob i mir an Salatteller zammgricht. Wega de Vitamine. Weil da Mensch braucht ned nur Fisch und Fleisch, der braucht aa Vitamine. Do san Salate ideal. A guats Kilo reine Gsundheit hob i aafgschlicht aaf mein Teller, lauter Salate: Nudelsalat mit Sahne, Schweizer Wurstsalat, Eiersalat, Fleischsalat, Käsesalat pikant. Dass ned zu gsund wird, no a dicke Scheibn warmer Leberkaas und drei hartgekochte Eier wegan Cholesterin. Weil alles, wos hintn mit „-in" aafhört, is gsund: Vitamin, Insulin, Cholesterin usw. Und drei Brezn, dass ned z'gaach wird. Is recht guat gwen, der Salatteller. Do hoaßts, wos gsund is, is ned guat. So ein Schmarrn, des war super! Aaf so viel Gsundheit aufe warma dann wieder nach wos Herzhaftem. Drei Gockerlhaxn in Aspik, a Pfünderl greichertn Aal und vier Schinkenröllchen mit Spargel, weil da Spargel is kalorienarm und harntreibend. Biesln senkt die Gefahr eines Nierensteins, des is erwiesen! Dass ned zu gaach wird, no drei Brezn. Apropos harntreibend: I hobma dann a Weißbier bstellt, obwohl des separat wos kost hod. Owa nach 8 Tassn Kafä brauchst amal wos Gscheits, sunst hauts dir'n ganzn Mogn durchanand, mir hods scho dauernd affakoppt, des Kafäzeigs.Und außerdem: Wenn d'Kinder des deierne Spezi saffa derfa, nacha werdma i als Voda aa a Weizn genehmigen derfa, oder? Wo samma denn!

Nach dem Weißbier und de Schinkenröllchen hob i mir denkt, dass wos Warmes zwischendurch ned schaden kannt, und bin wieder hi ans Büffett. I hob mir a Lasagne gnumma mit Bommfritz und Ketchup und vorsichtshalber no a Cordon bleu, weil da warn bloß 11 do. Und du woaßt ja ned, wia de Leit san: Hernach kemman 11 so verfressne Idioten und nehmen alle weg! Naa, do nimm liawa i zwoa, dann bini aaf da sichern Seitn! Dass ned zu französisch wird, hob i no zwoa Scheibn Schweinsbratn draafglegt und zwoa Knödl. De Knödl hob i eispreizn miassn, sunst hättses direkt vom Teller oweghaut, do war Platzmangel. Dass ned z'gaach wird, no drei Brezn, de konnma dann in d'Schweinsbratensoss eitunka.

Wia i grad mit meine eigspreiztn Knödl vom Büffett wegwollt, triff i'n Direktor vo meiner Bank. I hob gmoant, i seg ned recht: Hat der aaf sein Riesenteller oa dünne Scheibn Melone und zwoa winzige Scheiberln Schinkn draff. Sunst nix! Der Mo zahlt 17 Euro, dann isst er a Melone! Und 3,12 Gramm Schinken! Als Bankdirektor! I hob zu mein Wei gsagt, dassma uns des genau überlegn miassn, obma mir an so an Menschen überhaupt unser Geld anvertraun kinna.

Der konn doch mit Geld ned umgeh, der wirft ja des seine scho zum Fenster ausse, was macht der erst mit mein Geld!

Noch de warma Speisen war i ziemlich satt, eigentlich dodal satt, eigentlich sauvoll.

Owa de guatn Desserts wollt i aaf jedn Fall no probiern, scho aus Prinzip, dassi in bin.

Dessert is ja englisch und hoaßt „Wüste". Mir is jetza aa klar, warum: Weil das Dessert der Abschluss is von einer wüsten Fresserei!

I hob mir a Mischung aus verschiedene Cremes gholt: Vanillcreme, Nusscreme, Schokocreme, oane hod Bayrisch Creme ghoaßn, de war so beige. Insgesamt wars crememäßig a schwachs Pfund, so 600 Gramm ungefähr. Und, dass ned z'gaach wird, sechs Kiwi. Des mit de Kiwi is aa aso a Sach: I hob jahrelang so gern Kiwi gessn, leidenschaftlich gern. Und massenhaft! Und letzts Jahr erzählt mir a Kumpel zufällig am Stammtisch, dassma de vorher abschält! I hob de jahrelang mit Schalen gfressn! I hobma scho öfters denkt: „Zenalln, dass mi bei Kiwi da Hols aso kratzt!", owa i hob gmoant, des muass aso sei.

Aaf jeden Fall wollt i vor de Kiwi de Cremes systematisch vertilgen, obwohl i scho guat gefüllt war.

Und grad wia i vo da Vanüllcreme aaf d'Nusscreme umsteign wollt, hob i speim miassn.

I wills jetza ned näher beschreibn, owa es is kein schöner Anblick, wennst du im Restaurant kaasweiß über da Kloschüssel hängst, und vor dir liegn 61 Euro und 40 Cent, owa ned in bar, sondern in Naturalien.

Vielleicht is mei Bankdirektor doch ned ganz so dumm.

Wenn man zu viel getrunken hat, neigt man dazu, Dinge zu sagen und zu tun, die man im nüchternen Zustand nicht sagen und tun würde. Das kann manchmal peinlich sein. Besonders peinlich ist es, wenn die (nicht betrunkene) Gattin Zeugin der schlimmen Vorfälle ist.

Der Rausch

Mutter und Sohn Sepperl sitzen am Frühstückstisch. Der Vater erscheint. Er befindet sich schon rein äußerlich in einem erbärmlichen Zustand (gerötete Augen etc.). Knisternde Spannung liegt in der Luft, neudeutsch würde man sagen, keine guten vibrations!

Vater: Morgn!
Sepperl: Guat Morgn, Papa!
Mutter: *Eisiges Schweigen.*
Sepperl: *Unschuldig-naiv:* Mama, warum sagst du nix zum Papa?
Mutter: *Mit Handbewegung in Richtung Türe:* Sepperl, geh in dei Zimmer und dua a bisserl spielen.
Sepperl: *Ahnungslos, fast dämlich:* Wos soll i denn spielen?
Mutter: *Aggressiver:* Des is doch mir wurscht, schau, dass du weidakimmst!
Sepperl: I mog owa no a Gölbwurschtsemmel.
Mutter: Do host a Wienerl, und jetza hau ab! *Gibt Sepperl unwirsch ein Wiener Würstchen.*

Sepperl und Wienerl verlassen gemeinsam den Raum.

Vater: Wos isen scho wieda los? Warum bist denn so grantig?
Mutter: *Keifend:* Des magst du frogn? Du magst frogn, warum dass i grantig bin? Akkrat du?
Vater: Sei doch ned so aggressiv. Zefix, hob i Kopfweh!
Mutter: Zreißn sollsna, dein dumma Schädl! Omei, de Blamasch, de Schand! Hätt i di bloß gestern ned mitgnumma.
Vater: Warum ned mitgnumma? Is doch recht schee gwen bei da Gertrud.
Mutter: Schee gwen? Schee gwen bei da Gertrud? Aso hob i mi no nie gschaamt wia gestern. Mi aso blamiern vor meiner bestn Freindin. D'Gertrud lad uns bestimmt nie mehr ei. Omei, i derf gor ned drodenka. Aso a Blamasch! *Reckt*

	die Hände und den Blick gen Himmel. Herrgott, aso a Blamasch!
Vater:	Jetza dua doch ned aso dramatisch! Zefix, hob i Kopfweh! Wos hoaßt do Blamasch?
Mutter:	Des is scho losganga beim Einegeh. Man gibt zerst da Gastgeberin d'Hand. Owa du Büffel hostas natürlich glei ihran Mo gem.
Vater:	Er hods aa zerst mir gem und ned dir!
Mutter:	Weilst ihm dei Pratzn glei aso higreckt host, dass er nimma anderst kinnt hod.
Vater:	Und deszweng host du di aso gschaamt?
Mutter:	Ach, doch ned deszweng! Des waar ja no ganga. Owa kaum samma gsessn, host du da Gertrud gsagt, dass du an Furunkl am Orsch host, an eitrigen! Und des vorm Essn! I hobma denkt, i muass im Boden versinka. D'Gertrud hod aa ganz verlegn gschaut.
Vater:	Jamei, wenns mi fragt, wias mir geht, und i hob holt amal an Furunkl am Orsch. Hostna ja selba gseng!
Mutter:	Des brauchst doch ned glei sogn, des interessiert doch koan.
Vater:	*Bockig:* Wenns koan interessiert, dann braucht mi aa koana frogn, wiasma geht!
Mutter:	Aa, du woaßt allaweil wieda wos. Du bist und bleibst a Büffl! Und wia uns da Gertrud ihra Mo den Wein eigschenkt hod. I derf gor ned drodenga. Wia er dir a Tröpferl ins Glasl einegschütt hod, hättstas probiern solln. Den Wein kostet man zuerst! Und wos host du do? Du host gsagt: „Wos, so weng? Und mei Olte kriagt gor nix?"
Vater:	Hätt er glei gscheit eigschenkt, dann hätt i nix gsagt! Außerdem waar mir a Bier eh liawa gwen. Der Wein is allaweil glei laar.
Mutter:	Wennst du den Wein ned so schnell saffa daasd wia a Wossa, dann waara ned so schnell laar. Owa du host aso einegsuffa, dass du scho vorm Essn an drumm Rausch ghabt host. Omei, des Essn! D'Gertrud hodse aso a Mühe gem mit dem Krabbencocktail. Und wos host du Büffl gsagt? „A sauana Pressog waar mir jetza liawa wia de

	kasign Würm." Und des zu meiner bestn Freindin! I hob mi dermaßen gschaamt.
Vater:	Weils wahr is! Mir liegn de Würm heit no im Mogn. Zefix, hob i Kopfweh. *Hält sich zerknirscht den Kopf.*
Mutter:	Und bei da Hauptspeis! Wia konnsten du bei Rinderfilet in Sahnesauce an Ketschup verlanga? Des is doch a Beleidigung für d'Gastgeberin. I hob genau gseng, wia d'Gertrud Tränen in de Augn ghabt hod.
Vater:	Aso a hysterisch Weiberts! De braucht doch ned flenna, wenn i an Ketschup mog.
Mutter:	Du host einfach koan Anstand. Und nach dem Essen host scho an solchern Rausch ghabt und host gsagt: „Jetza waar wos Gscheits zum Essn recht!"
Vater:	Des hob i ned gsagt!
Mutter:	Des host du scho gsagt. Du woaßtas bloß nimma vor lauta Suff.
Vater:	Außerdem samma mir nach dem Essen glei ganga!
Mutter:	Glei ganga! Glei ganga! Dasse ned lach. Waarma bloß glei ganga, dann waar mir de größte Schand erspart bliem. I derf gar ned drodenka. Du mit deiner guatn Verdauung!
Vater:	*Verdutzt:* Wos für a Verdauung?
Mutter:	Du host glei nach dem Essn gsagt, dass du a recht a flotte Verdauung host und bist aafs Klo grennt. Noch fünf Minutn bist wieda kemma und host gsagt, dass d'Klospülung ned geht. „Und außerdem", host gsagt, „is de Kloschissl z'kloa! Do konn a normaler Mensch kaam sitzn!" I hob mir scho denkt, dass des nix Guats bedeit.
Vater:	Des sagt mir momentan gar nix. Do konn i mi ned erinnern. Des is mir jetza direkt entfallen.
Mutter:	Entfallen! Dir is gestern allerhand entfallen! Omei, i derf gar ned drodenka, wiama alle im Klo nochgschaut hamm wega da Spülung, de wos angeblich ned geht. I hob mir denkt, i stirb aaf da Stell, wiama mir im Bidet dein Hauffa gseng hamm. Omei, war des peinlich. I seg den Hauffa heit no vor mir. D'Gertrud wor ganz gölb im Gesicht vor lauta Ekel.
Vater:	*Leicht verunsichert:* Do konn i mi jetza gar nimma erinnern.

56

Mutter:	*Schreiend:* Des glaub i scho! Du bist eh bloß danem gstana und host saudumm grinst. Und dann muasst du no sogn: „Wenn d'Spülung gang, dann waar des Heifferl scho weg!" I hob mi so viel gschaamt. I glaub, i hob mi no nie aso gschaamt!
Vater:	*Trotzig:* Warum schaamst di denn du, wenn i an Hauffa mach? Des war doch mei Hauffa und ned deiner! *Steht auf.*
Mutter:	Ja, des konnst, dumm daherschmatzn. Wo gehst denn scho wieda hi?
Vater:	I? I geh jetza in Keller und hol mir a Holbe Bier. Aaf den Wein kriag i allaweil Kopfweh!

Die Hochzeitseinladung

Er: *Im zornigen Selbstgespräch* Glaubst, i bin nervlich scho wieder dermaßen mit de Nervn firte wega der blädn Hochzeitseinladung. I hass' Hochzeiten! Und jedsmol, wenn sowos is, dann schneid'i mi beim Rasiern und bluat wie eine Sau. Schuld is ja Sie. I muaß mi im Wohnzimmer rasiern, weil Sie steht scho seit 40 Minutn im Bad drin und schmiertse o, obwohl des eh nix bringt.

Sie: *Aus dem Bad* Wos schimpfst denn scho wieder?

Er: Ach, weil's wohr is. Schau amol, dass du firte wirst im Bad! Im Wohnzimmer konn i mi ned gscheit rasiern. Ohne Spiagl seg i nix!

Sie: Pass bloß aaf, dass du di ned wieder schneidst! Bei da letztn Hochzeit host an drumm Bluatfleck am Hemad dran ghod. I hob mi dermaßen gschaamt. Mir samma aaf da Hochzeit und du bluatst wie ein ogstochas Keibl. War des peinlich!

Er: Du bist fei a ganz a brutale Frau! Anstatt, dass i dir leid dua, is dir peinlich. Du host koa Herz, des hob i scho allaweil gsagt. Außerdem hass' i Hochzeiten. Vo mir aus konn jeder heiratn, des is sei Sach'. Owa wenn, dann bittschön ohne mi. I muaß ned bei jedem Blädsinn dabei sa. *Bindet sich unbeholfen und viel zu kurz die Krawatte.* Des Krawattnbindn zum Beispiel mocht mi aa no amol narrisch. Do schau her, des is doch koa Krawattn! Des Schwanzl is doch a Witz! Vül zu kurz!

Sie: Wos sagst?

Er: I sog: Des Schwanzl is doch a Witz! Vül z'kurz!

Sie: Des woaß i scho lang! Host ebba du ned amol no a Hosn an?

Er: Hosn? Ja, frale hob i a Hosn an. Wos soll de bläde Frage?

Sie: I moin ja bloß.

Er: Schau liawa, dass du firte wirst! I muass biesln. A dreiviertl Stund stehst du jetza do drin! A dreiviertl Stund! Und wos mi am meisten deprimiert: Wennst aussakimmst, schaust genau aso aus wia vorher. Des mocht mi so firte.

Sie: *Laut, zornig:* Jetza schau dir des o! So eine Sauerei!

Er: Wos is denn scho wieder?

Sie:	I hob dir scho hundert Mol gsagt, du sollst im Sitzn biesln, wennst im Steh ned gscheit triffst! De Klobrilln schaut aus, dass oan grausn kannt. Wenn do a Bsuach kimmt, muassmase schaama. Pfui Deifl!
Er:	Wenn des aso is, dann biesle in Zukunft in Gortn ausse. Nacha host a saubere Klobrilln und brauchst di ned schaama.
Sie:	Du waarst so schlecht! Untersteh' di! Es is ein Kreiz! I muass wieder alles putzn, obwohl i im Sitzn biesl.
Er:	Wega mir konnst aa im Steh biesln. Nacha segst wenigstens, dass des gor ned so einfach is.
Sie:	Gott bewahre!
Er:	I moan ja bloß. Aaf jeden Fall hass' i de Hochzeiten. *Zieht sich die Jacke an.* Dauernd muasst des feine Glump oziagn. Und dann de ganzn Pflichttänze mit de schwaarn Tanten! Schwitzn duast aaf Dauer wia a … .
Sie:	*Unterbricht ihn:* Wos schimpfst denn scho wieder? Mit wem redst denn du überhaupt?
Er:	Mit mir selber. Do widerspricht mir wenigstens koana.
Sie:	Omei, armes Deutschland!
Er:	Du, macherts dir wos aus, wenn i dahoambleibert?
Sie:	Frale, dass i alloins duatsitz wie ein Depp und koa Mensch holt mi zum Tanzn. Nix do, du kimmst mit. Des waar doch unmöglich, wennst du do ned anwesend waarst. Für wos samma denn verheirat?
Er:	Also, so ganz genau woaß i des aa ned.
Sie:	Sei ned so gschert! Host d'Kartn dabei?
Er:	*Erfreut:* Kartn? Ja, moinst du, dass do a Schofkopf zammgeht?
Sie:	Doch ned Spielkartn! Ob du d'Glückwunschkartn dabei host?
Er:	Jaja, hob i scho. Und a Sprücherl hob i aa scho draafgschriebn. A lustigs! Do werns schaun!
Sie:	Wos nacha? Les amol vor!
Er:	*Grinsend:* Liebe Anna, wir sind froh, endlich hast du einen Mo. Gedacht hätt' man es nicht, bei dein verhautn Gsicht! Lustig, gell?
Sie:	Ja sog amol, spinnst du? Des orme Deandl! De duatse doch wos o, wenn de des lest!

Er:	Des wor doch a Witz! I hob ja gor nix affegschriebn. I hob doch bloß an Gag gmocht.
Sie:	Über so an Gag konn i gor ned locha. Jetza hör' mit dein Blädsinn aaf und schreib wos Gscheits draaf! Und lesmas laut vor, weil i rasier mir grod d'Hoor vo meine Fiaß owa!
Er:	Vo de Zähn waar's gscheida!
Sie:	Wos sagst?
Er:	Nix! Also lus, i hob folgendes gschriem:

Halt's zamm und bleibt's gsund,
dann kriegt's ein Kind mit sieben Pfund!
Passt des?

Sie:	Naja, geht scho. Owa des schreibst du jedes Mal. Aaf jede Kartn 's gleiche Sprücherl. Irgendwie is des aa langweilig, wennma immer's Gleiche draafschreibt.
Er:	Des lest doch eh koa Mensch, weil a jeder bloß aaf's Geld schaut.
Sie:	Noja, vo mir aus. Aaf jeden Fall is des Sprücherl heit besser geeignet wia damals beim Gruber Jochen.
Er:	Jetza fang holt ned wieder mit dera oltn Gschicht o!
Sie:	Mei, hob i mi damals gschaamt! Da Gruber Jochen hod Primiz und du schreibst eam aaf d'Glückwunschkartn affe: „Halt's zamm und bleibt's gsund, dann kriegt's ein Kind mit sieben Pfund!" So ein Wahnsinn! Bei da Primiz!
Er:	Nacha hättst holt du wos affegschriebn, wennst so gscheit bist!
Sie:	Wennst du des Kuvert zuabickst und wegschickst! Do konn i nix mehr affeschreibn! Lass' fei des Kuvert für d'Anna no offa, weil i muass no a Geld einedua.
Er:	Ach, des konn doch i aa. I daad sogn: Pro Nase an Zwanzger, des san 40 Euro und da Kaas is gessn.
Sie:	40 Euro? Spinnst du? Do versaffst ja du alloins scho mehra!
Er:	Bei da letztn Hochzeit hob i bloß fünf Weizen trunka!
Sie:	Und vo de acht Obstler sagst nix?
Er:	Des is wos anders. Do is da Wirt selber schuld, weil sei Essn so fett wor.
Sie:	Aaf jeden Fall miassma mir heit mindestens 300 Euro schenka!

Er:	*Total geschockt:* Wos??? 300 Euro? Des waarn ja in echtn Geld 600 Mark! Ja, wer bin denn i? Bin i vielleicht a Bank? I bin doch koa Bank!
Sie:	Jamei, des ghörtse heitzudogs einfach, dassma innerhalb der Familie großzügig is. Und außerdem, wenn aso a jungs Paar heirat, dann hods an Haffa Bedürfnisse.
Er:	An Haffa Bedürfnisse! Konnst du gschwolln daherredn. Apropos Bedürfnisse: Kimm endlich vom Bad aussa, i muass biesln!
Sie:	Glei kimme. Jetza dua z'erst de 300 Euro in Umschlag eine, dassma dann glei geh kinna!
Er:	Vo mir aus. *Steckt drei Hunderter in den Umschlag, nimmt aber nach kurzer Überlegung wieder zwei heraus und klebt dann den Umschlag zu.* Zu unserer Zeit, do wenn zwoa gheirat ham, nacha hamms an Schnellkochtopf kafft oder a Kaffämaschin. Und heit? Heit düsn's in de Dominikanische Republik oder aaf d'Bahamas. Des kost 5000 Euro! Wos moinst, wiavül Schnellkochtöpf dassma do kriagert? Hunderte! Owa naa, des is de junga Leit wurscht. Hauptsach, sie san in an Land, woma d'Speisekortn ned lesn konn. Und nacha? Nacha kemmands wieder noch drei Wocha und hammand an Virus. Aso schauts aus!
Sie:	Wos grantelst denn umanand? I versteh' di ned. Spinnst jetza ganz?
Er:	I sog bloß, wega dem Virus.
Sie:	Wos für an Virus?
Er:	Mir is des wurscht. Woaßt wos? Mir persönlich is a Leichtrunk vül liawa wia a Hochzeit! Bei an Leichtrunk, do is Essn und Trinka aa frei, owa schenka brauchtma nix. Und de Tanzerei mit da ganzn bucklertn Verwandtschaft, de gibt's beim Leichtrunk aa ned.
Sie:	*Kommt aus dem Bad.* So, i bin firte. Geh eine zum biesln und dann gemma aaf d'Hochzeit!
Er:	Und du moanst, i solltert do unbedingt mitgeh?
Sie:	Ja selbstverständlich! D'Anna waar dir ihrer Lebtag beleidigt.
Er:	Ja, okay, dann geh i holt mit. Wenn scho unser oanzige Tochter heirat!

Wir Bayern haben ja, bei aller Bescheidenheit, die uns ziert, auch ein gesundes Selbstbewusstsein. Es lässt sich mit dem ebenso kurzen wie prägnanten Satz „Mir san mir" sehr treffend beschreiben. Die gelegentliche Ergänzung dieses Satzes „und schreibma uns uns" deutet auch noch auf einen gewissen Humor und auf sprachliche Gewandtheit hin.

Trotz allem Stolz auf unsere schöne Heimat und auf uns selbst schadet es nichts, wenn man nicht immer nur im eigenen Saft schmort, sondern sich auch einmal Gedanken macht, wie man auf andere wirkt. Sehr ehrlich sind ja bekanntlich Kinder. Deshalb habe ich mir überlegt, wie ein nicht-bayerisches, quasi also ein preißisches Kind, uns einschätzt, und zwar beim

Urlaub in Bayern

Letztes Jahr im Sommer waren wir in Urlaub in Bayern. Meine große Schwester Jessica, meine Eltern und unser Hund Burgsmüller. Ich war auch dabei, und ich heiße Torsten und bin sieben Jahre alt. Meine Eltern waren schon öfter in Bayern, aber für mich war es der erste Urlaub im Ausland, weil ich bisher nur in Bibione war. Bayern wäre eigentlich sehr schön, aber man sieht es kaum, weil überall Berge davorstehen und es verdecken. Sehr cool sind manche Häuser. Sie sind tätowiert, zum Beispiel mit einem Hirsch, einem Berg oder einem Baum. Aber weil die Bayern das Wort „Tatoo" noch nicht kennen, sagen sie „Lüftlmalerei" dazu.

Die Bayern sind lustige Menschen und lachen viel mehr wie die Leute bei uns zu Hause. Sie mögen uns sehr, denn wenn sie uns sehen, lachen sie noch mehr. Viele heißen Sepp, die meisten jedoch „Hä". Das lustigste in Bayern ist die Sprache. Manche können deutsch, aber nicht alle. Der Ort, wo wir in einer Pension gewohnt haben, war da, wo Bayern „Oberpfalz" heißt, und da ist die Sprache echt krass. Als wir einmal gewandert sind, sind wir an einem Bauernhof vorbeigekommen und davor saß ein alter Mann auf einer Bank, aß ein Stück Torte und trank dazu eine Flasche Bier. Mein Vater sagte zu ihm, dass schönes Wetter ist, und der Mann meinte „Loumameirouh!" Das heißt wahrscheinlich „Guten Tag!" Ich wollte es gleich ausprobieren, ob ich die Sprache auch kann, und sagte zu dem Mann „Loumameirouh". Er blickte aber sehr böse und sagte zu mir „Saubougejbloßzou!" Da sagten wir lieber nichts mehr und gingen weiter, weil wir ihn nicht reizen wollten. Der Mann stand dann auf und stöhnte und sagte: „Ohboudescheißschouh!" Das heißt wahrscheinlich „Tschüss" oder so.

Gut gefallen haben mir in Bayern auch die Feste. Irgendwo ist immer eines. Da sitzen dann die Bayern und trinken Bier aus gläsernen Eimern, die sie „Maß" nennen. Die Frauen haben kleinere Eimerchen, die heißen „Halbe". Normale Gläser gibt es nur für Kinder oder ganz alte Frauen. Wir sind auf einem Fest gewesen, und es war sehr schön. Ich habe Pommes mit Ketchup gegessen, meine Schwester Jessica nichts wegen der Kalorien und meine Mutter ein halbes Hähnchen namens „Hendl". Der Papa hat weiße Spiralen gegessen, die „Radi" hießen und dazu einen Eimer Bier. Er sagte, das Radi rumort ganz doll in seinem Bauch, und als er rülpste, fiel meiner Mutter beinahe das Hähnchen hinunter.

Wenn die Bayern einige Eimer Bier getrunken haben, schlafen sie ein oder sie reden in einer Geheimsprache, die man nicht versteht. Es sind nur sehr kurze Wörter, und mit diesen reizen sie sich gegenseitig, bis sie raufen. Auf dem Fest, bei dem wir waren, konnte man dies sehr schön beobachten. An unserem Nachbartisch im Bierzelt saßen einige Bayern mit ihren Eimern. Zuerst lachten sie und guckten zu uns herüber. Einer von ihnen konnte sogar italienisch, denn er sagte zu meiner großen Schwester immer „Dipackiaano!" Sie verstand ihn aber nicht, weil sie nicht italienisch spricht. Plötzlich kam ein anderer Bayer am Nachbartisch vorbei, und schon spielten sie das lustige Spiel „Erst reden, dann raufen". Einer von denen, die am Tisch saßen, sagte zu dem, der vorbeiging: „Hä!" Darauf sagte der Vorbeigehende: „Wos hä?", worauf der andere ziemlich böse meinte: „Hä, gell, hä!" Das hätte er vermutlich nicht sagen sollen, denn der Vorbeigehende sagte nur mehr: „Pass bloß aaf, hä!", und schon rauften sie. Obwohl es ziemlich lustig war, gingen wir, denn meine Mutter mag keine Gewalt.

Etwas anderes ist mir auch noch aufgefallen in Bayern: Bayern reden nicht so gerne wie wir. Manche sind beinahe stumm. Dies kann man am besten im Wirtshaus sehen. Eines Abends ging mein Vater mit mir ins Dorfwirtshaus, und wir bestellten Bratwürste mit Kraut, die sehr lecker schmeckten. Es waren außer uns nur zwei Einheimische da.

Diese saßen am Stammtisch, tranken Bier und schwiegen. Mein Vater sagte freundlich zu ihnen: „Die Bratwürste schmecken hervorragend, meine Herren!" Sie aber schwiegen weiter. Sie sagten zu meinem Vater nichts, zu mir nichts und zu sich auch nichts. Wenn sie nicht ab und zu vom Bier getrunken hätten, hätte man meinen können, sie seien tot. Plötzlich, nach ungefähr einer Stunde, tat sich etwas: Einer von den beiden seufzte „jamei", und wir dachten, jetzt beginnt ein Gespräch. Doch der andere sagte nur „owa ehrlich", und das war es dann. Mein Vater machte noch einen Versuch und rief hinüber: „Es gefällt uns sehr gut hier bei Ihnen in Bayern! Wir waren auch schon auf dem Feuerwehrfest! Da gabs eine zünftige Rauferei! Haha! Waren Sie auch schon auf dem Fest, meine Herren?"

Da sagte ein Bayer zum anderen: „Eam schau o!" Dann war es wieder ruhig.

Dies war meinem Vater dann doch zu unheimlich, und wir zahlten und verließen den stillen Ort. Beim Hinausgehen sagte Papa noch zu den Männern: „Gute Nacht, die Herren! Ich wünsche noch einen schönen Abend!" Sie wünschten uns nichts.

Aber die Bayern sind nicht immer so mürrisch. Zum Beispiel sind sie richtig lustig, wenn sie sich gegenseitig beleidigen. Das gefällt ihnen scheinbar sehr. Als mein Vater und ich einmal in unserem Urlaubsort in der Dorfmetzgerei einkauften, kam ein Bayer herein und sagte zum Metzger: „Servus Hans, du olter Hunzkrippl!" Da lachte der Metzger und sagte: „Habe d'Ehre Sepp, du Berner, du greislicher!" Sepp, der Berner, freute sich sehr über diese nette Begrüßung. Als noch ein weiterer Bayer hereinkam, wurde die Stimmung immer besser. Er begrüßte die anderen beiden mit einem herzlichen „Ja, do schau her, da Sepp und da Hans! Griaß eich, ehs Schlawiner, ehs elendigen!" Auch Hans, der Hunzkrippl, und Sepp, der Berner, begrüßten den Neuankömmling und riefen: „Ja griaßde Franz, olter Suffbeidl, stinkerter!"

Franz Suffbeutel war total begeistert und lachte über das ganze Gesicht. Dann sagte Sepp, der Berner, zu Hans, dem Metzger bzw. Hunzkrippl: „Hä Hans, gibma amol drei Boor vo deine greislichen Pfälzer, du Leitbscheißer, du windiger!"

Metzger Hans meinte dazu: „Für dein Saumogn taugns allaweil no, du gschwollkopferter Bauernfünfer, du staubiger! Bulldogmisshandler, grausamer!"

Es gibt scheinbar nichts Schöneres für einen Bayern als beleidigt zu werden, denn sowohl Hans, der Leutebescheißer, als auch Sepp, der Berner und Bauernfünfer, und Franz Suffbeutel waren in einer Super-Stimmung und lachten herzhaft.

Mein Vater sagte zu mir: „Pass auf, Torsten, jetzt mache ich auch mit bei dem Spaß!"

Dann sagte er zum Metzger: „Geben Sie mir bitte hundert Gramm von Ihrer verfaulten Salami, Sie Vollidiot!"

Plötzlich lachte keiner mehr und alle sahen meinen Vater an, sogar die alten Frauen, die im Laden waren.

Der Metzger sagte mit finsterem Gesicht: „Schau bloß, dass du weidakimmst, du Preißnschädl, du fotzerter!"

Das habe ich zwar nicht genau verstanden, aber es hörte sich nicht gut an, und wir verließen ohne Wurst die Metzgerei. Wahrscheinlich ist „Vollidiot" eine Beleidigung, die die Bayern nicht kennen, und deshalb freuen sie sich nicht darüber.

Sonst war es in Bayern sehr schön, besonders die Pommes und das Eis. Ich habe mich sehr gefreut, denn ich durfte abends immer mit vier Jungs aus dem Dorf Fußball spielen. Die bayerischen Jungs sind echt nett, sie ließen mich sogar den Ball holen, wenn er in den Nachbarsgarten geflogen war, und sagten, das ist eine große Ehre für mich. Als ich den Ball wieder herausgeholt hatte, sagten sie, dass es nicht nur eine große Ehre, sondern auch ein großes Glück für mich ist, weil heute scheinbar der Kampfhund nicht zu Hause ist. Das ist doch voll lustig, oder?

Ich habe mir extra die Namen der Jungs notiert, damit ich ihnen nach dem Urlaub schreiben kann. Sie heißen Ülcgür, Ferdl, Erdal-Alois und Kilian.

So, das wars.

Ich freue mich schon auf den nächsten Urlaub in Bayern, weil Bayern ist voll cool.

Vorher kaufe ich mir noch ein Wörterbuch.

Jeder von uns kennt das: Wenn man es eilig hat, ist immer jemand da, der bremst! Das gilt im Straßenverkehr – da ist es zumeist ein Milchlaster mit Anhänger – und das gilt auch beim Einkaufen im Supermarkt. Ich erinnere mich noch schmerzlich an eine Begebenheit vor nicht all zu langer Zeit: Ich wollte nach einem Tag im Büro noch schnell eine Packung Chips und eine Schachtel Zigaretten besorgen, um für den bevorstehenden Fußballabend am Fernseher gerüstet zu sein, und hatte es eilig, nach Hause zu kommen, denn aufgrund eines Liters Mineralwasser, den ich im Büro getrunken hatte, schrie meine Blase nach Entleerung. In Gedanken war ich schon in der häuslichen Toilette, nur eine Kundin, eine ältere Dame, war vor mir dran, hinter mir stand ein weiterer Kunde, ein irgendwie aggressiv aussehender kräftiger Mann. Und dann begann es, das

Martyrium an der Kasse

Kundin:	So Freilein, wos kriangs jetza vo mir?
Verkäuferin:	Elf Euro 34!
Kundin:	Wiaviel?
Verkäuferin:	Elf Euro 34!
Kundin:	*Beugt sich näher zur Verkäuferin und bildet mit der linken Hand einen Schalltrichter am Ohr.* Jetza miassnsmas nomol song, wos machts aus?
Verkäuferin:	*Lauter:* 11 Euro und 34 Cent bittschön!
Kundin:	Sie miassn a weng lauter reden! I hob mei Hörgerät beim Richten!
Toni:	*Laut zum Kunden hinter ihm:* De hod ihra Hörgerät beim Richten!
Mann:	*Patzig:* Schrei mi ned aso o! I hör ja ned schlecht, sondern de!
Toni:	Entschuldigung! I bin ganz durchanand! I muass dringend biesln!
Mann:	Des is doch mir wurscht! De soll schaun, dass firte wird, de Schatulln, de greisliche!
Toni:	*Zur Kundin:* Zahlns bittschön jetza! I muass bieseln!
Kundin:	Ha?
Toni:	BIESELN!!

Kundin:	Obermeier!
Toni:	Naa, i hoaß ned bieseln, i muass bieseln!
Kundin:	Ah geh!
Toni:	Ja! *Laut:* Bitte zahlns!
Kundin:	Wos machts aus?
Toni:	*Sehr laut und genervt:* 11 Euro 34!
Kundin:	Dankschön! So, dann zahlma! *Es folgt der Satz, der mich nervlich ungemein belastet:* **Moment Freilein, i glaub, i hobs kloa!**
Toni:	*Zum Mann:* Um Gottes Willen! Sie glaubt, sie hods kloa! Des konn wos wern!
Mann:	*Aggressiv:* De soll schaun, dass weidakimmt!
Kundin:	So, dann schauma amal. *Kramt im Geldbeutel.* Wos machts aus?
Mann:	*Schreit:* 11 Euro 34! Kreizbirnbaam Hollerstaudn! Des derf doch ned wahr sei!
Kundin:	*Zu Toni:* Wos sagta?
Toni:	11 Euro 34!
Kundin:	Aha! Also ... *zieht einen Fünf-Euro-Schein aus dem Geldbeutel.* Des waarn amal fünfe ... dann hamma an Zwickel, des san dann scho sieme ... äh, wiaviel brauchma?
Verkäuferin:	*Laut:* 11 Euro 34!
Kundin:	Naja, dann hammas ja bald! Sieme sans scho! *Lacht aufmunternd.* Sodala, weida geht's! *Hält eine Münze hoch und begutachtet sie im Scheinwerferlicht.* Hm ..., is jetza des a Fuchzgerl oder a Zwanzgerl? Früher hodma des besser auseinanderkennt! Weil des Fuchzgerl war silbern!
Mann:	*Drohend zu Toni:* Sog dem Rindviech, dass früher koa Zwanzgerl geben hod! Sogs ihr, sunst derschlages!
Kundin:	*Zu Toni:* Wos sagta?
Toni:	Früher hods koa Zwanzgerl gegeben! Des Zwanzgerl, des is erst mit dem Euro kema!
Kundin:	Mit wem?
Toni:	*Sehr laut und deutlich:* Des Zwanzgerl, des is erst mit dem Euro kema! Des hods vorher ned gegeben!
Kundin:	*Tadelnd:* Omei, der Euro! Der bringt uns alle no um! Des Griechenland! Mit dem Gyroskonto!

Toni:	De hamm koa Gyroskonto, sondern a Girokonto! Wia mir aa! Gyros hamms aaf da Speisekartn, ned aaf da Bank! Und jetza zahlns bittschön weida! I halts bald nimmer aus! Schauns ausse, draußen rengts! I wenn des Pritscheln hör, mi zreißts glei! I muass ganz ganz dringend bieseln!
Kundin:	*Besorgt:* Sie hamms mit de Nerven! Sie san ned gsund! Des is des Raucha! I segs scho, Sie hamm Zigrettn do liegen! I segs aa an ihrer Haut, dass Sie rauchen! Des is ned gsund! Schauns mi o, wos i für a Haut hob! I bin 76 Jahr alt und hob nie graucht! Drum hob i aso a guade Haut!
Mann:	Apropos Haut: Warum haut denn dera koaner oane owa?
Kundin:	*Zu Toni:* Wos sagta?
Toni:	A super Haut hamms! Eins A Haut! Owa jetza zahlns bittschön weida!
Kundin:	Dann daama weida! Wiaviel hamma scho?
Verkäuferin:	7 Euro fuchzig!
Kundin:	Und wiaviel brauchma?
Mann:	*Schreiend:* 11 Euro 34!
Kundin:	Dankschön! Sengs, Sie reden schee laut, des verstehtma! So, dann daama weida: Acht Euro ... acht Euro und a Zehnerl ... acht Euro und fuchzehn Cent ...
Toni:	*Zum Mann:* Ja, um Gottes Willen! Jetza fangts mit de Kupferlinge o! Des gibt's doch ned! I seg scho alles gelblich, i glaub, i hob a Urinvergiftung!
Mann:	I hob zwoa Liter Südtiroler Bauerntrunk im Einkaufswagen, de hau ihr jetza übern Schädl!
Toni:	Machas des ned, des kimmt Eahna deier!
Mann:	Is ja ned wahr! Der kost ja bloß 1 Euro 98! Dann hol i mir halt an andern, wenn der hi is!
Kundin:	*Zu Toni:* Wos sagta?
Toni:	*Jetzt auch aggressiv:* Zahln sollns! Himmel, Arsch und Zwirn!
Kundin:	*Nicht aus der Ruhe zu bringen:* Dann daama wieder weida. Also, 8 Euro und fuchzehn Cent hamma scho ...
Toni:	*Laut:* Und 11 Euro 34 brauchma!
Kundin:	*Zur Verkäuferin:* Wissens wos, Freilein – schauns selber, i seg so schlecht heit, i hob mei Hörgerät beim Richten!

	Gibt der Verkäuferin den Geldbeutel, diese beginnt, emotionslos Kleingeld zu zählen.
Toni:	*Schwitzend zum Mann:* Na Gottseidank! Jetza geht's vorwärts! I hob scho dermaßen Schmerzen im Unterleib! Schauns mi o, wia i schwitz! Hoffentlich kriag i koan Blasensprung!
Mann:	*Mitleidlos:* Des is doch mir wurscht!
Toni:	Owa mir ned! *Hebt abwechselnd die Beine, um den Druck abzufedern.*
Kundin:	*Mit besorgtem Blick auf Toni:* Also wirklich, Sie gfalln mir gar ned! Eahna fahlt wos! Schauns mi o, mir fahlt nix! Hörns mit dera Raucherei aaf! I moans Eahna guat! Mir fahlt nix!
Verkäuferin:	Doch! 1 Euro und 7 Cent fehlen Eahna! Des Geld langt ned ganz!
Mann:	*Zu Toni:* Wennstas du ned umbringst, brings i um!
Kundin:	*Zur Verkäuferin:* Wissens wos? Wartens zehn Minuten! I geh schnell aaf d'Bank, de is ja glei da vorn, und hol a Geld!
Verkäuferin:	Dann müssen aber die zwei Herren auch warten, weil i hab ja scho eintippt!
Toni:	*Rigoros zur Verkäuferin:* Naa, des machma ned! Die Herren warten ned! I erledige des! Des Graffel vo dera macht 11 Euro 34, i hob a Tüte Chips und a Schachtel Zigrettn. I gib Eahna 25 Euro, da Rest is für Sie, und Sie geben mir den Schlüssel fürs Personalklo! Owa schnell bitte, ganz schnell!
Verkäuferin:	Den kann Eahna leider ned geben! Mir dürfen keine Kunden da gehen lassen, aus hygienischen Gründen!
Toni:	*Drohend, beängstigend:* Jetza sog Eahna des oane: Wenn Sie mir den Schlüssel ned sofort gem, dann mach Eahna do vor die Kasse in wenigen Sekunden a Lacka her, wia wenns a Fünf-Liter-Fassl dunkles Bier zrissn hätt! Des garantier i Eahna!
Mann:	*Begeistert:* Jawoll! Zoag ihr, wo da Hammer hängt!
Verkäuferin:	*Gibt Toni verdattert den Schlüssel.* B… b… bittschön!
Toni:	Danke! Und jetza druckensma d'Daam, dasses no schaff! *Läuft schwitzend unter Zurücklassung der Zigaretten und der Chips in Richtung Personaltoilette.*

Kundin:	*Irritiert:* Hod der jetza mei Zeig zahlt?
Verkäuferin:	Ja!
Kundin:	Ja, wieso denn?
Verkäuferin:	Äh, weil er hod a Problem!
Kundin:	A Problem? Wos hoda denn?
Verkäuferin:	Es is wega seiner Blase!
Kundin:	Wos?
Verkäuferin:	*Laut:* Sei Blase! Es is wega da Blase! Er hod scheinbar a Problem mit der Blase!
Kundin:	Ah geh! Und i hobma denkt, des Raucha geht aaf d'Lung!

Dumme Fragen

I hob an Rasenmäher – an lauten Rasenmäher, an sehr lauten Rasenmäher! Eigentlich hätt i an staaden Rasenmäher, weil i eigentlich a umweltbewusster Mensch bin. Owa i hob zwoa Nachbarn: Der oane hod zwoa Hund', de sogn mir jeden Sonntag in da Friah umara holwe sieme: „Wauwau, heit is Sunnta!" Und da andere hod a Kreissäge. De sagt mir jeden Dog aaf d'Nacht um neine: „Nääääjjjjjeeennn – oan Ster packma heit no!"
Do hob i mir dann scho denkt: Des werma nacha scho seng, wer vo uns drei der Lauteste is! I bin in Baumarkt gfohrn und hob gsagt: „Männer, i brauch an Rasenmäher! Owa einen lauten! Bauts glei den Schalldämpfer aus, weil i brauch koan!"
Dann hod da Rasenmäher ohne Schalldämpfer um 70 Euro mehr kost als mit Schalldämpfer, weil da Schalldämpfer kost 140 Euro und 's Schalldämpferausbaun 210 Euro!
Dann bini hoam mit mein lauten Rasenmäher und dann hobi gwart, bis a guade Gelegenheit kimmt fürn ersten Einsatz. Do muassma Geduld hom, der Moment kimmt! Und er is kema: Am Samstagnachmittag umara holwe viere hob i mir denkt: Die Nachbarn wollen im Radio „Heute im Stadion" lusen, do kannt doch da Toni Rasen mähen!
Dann hobi umlassn und dann hobi gmaht mit mein lauten Rasenmäher. I mah aso dahi, kimmt am Gartenzaun mei Nachbar daher und sagt wos zu mir. I hobna owa ned verstanden, weil da Rasenmäher war so laut. Er is owa stehbliem und an seine Mundbewegungen hobi gspannt, dass der immer no wos sagt. Dann hobi den Rasenmäher abgstellt und hob gsagt: „Servus Kare, wos isen los?"
Dann sagt er Folgendes: „Hawedere Done! Duast ebba Rasen mahm?"
Diese saublöde Frage hod mi animiert, dass i mir vorgnumma hob, meine Mitmenschen amal zu beobachten, wos de so allgemein für Fragen stelln. Des is unglaublich – praktisch jede Frage is a bläde Frage! Wirklich!
Des geht scho los vor da Geburt: Wenn a junge, normalerweise schlanke Frau an kugelförmigen Bauch dranhod, de wird mehrmals täglich gefragt: „Bist ebba schwanger?"
Ja, wos denn sunst? Natürlich is de schwanger! De hod koan Luftballon verschluckt oder sechs Pfund rohes Sauerkraut gessn – de is schwanger!

Do duatse a korpulente Frau leichter. Weil wenn nach zwoa Jahrn immer no nix aus ihr rauskema is, dann fragt koaner mehr!

Dann entbindet also diese junge schlanke Frau und dann schiabts mit ihrem Kinderwagen durch d'Stod. Dann geht de blöde Fragerei weiter! Dann wird's gfragt: „Omeiii, host ebba du a Kind kriagt?" Ja freilich hods a Kind kriagt! Wos soll denn sunst in dem Kinderwagen drin liegn? A Sack Pflanzerde oder a Streusalz? A Kind liegt do drin! A Bekannte vo mir hod Zwillinge kriagt, also ned vo mir, so guat bekannt is aa wieder ned. Und de hod scho vor da Entbindung gwisst, wos des für Geschlechter wern, des hod da Frauenarzt am Ultraschall gseng! Oans mit und oans ohne Anhängsel, also a Pärchen, a Bua und a Deandl. „Stell dir vor, Done", hods zu mir gsagt voller Freid, „i kriag Zwillinge, a Pärchen!"

„Mei super!", hob i gsagt, „des gfreit mi für di! Und i wissert aa zwoa wunderbare Namen für dei Pärchen: Marianne und Michael!"

Des hod ihr owa ned gfalln, jetza hoaßn de Kinder anders: Des Deandl hoaßt Luisa, des is soweit in Ordnung.

Owa da Bua! De arme Sau hoaßt Noel! Noel! Unglaublich! In da Oberpfalz! I moan, im Säuglingsalter is des ja vollkommen wurscht, wia a Lebewesen hoaßt; do konns meinetwegen PC hoaßn oder Salami oder notfalls Noel. Owa da Noel, der wachst ja und wird amal a echter Mensch! Jetza stell dir vor, da Noel is 72 Johr olt, hod d'Rente und spielt mit seine Kumpel Sepp, Alis und Kare Schafkopf! Dann sagt da Kare: „Noel, hättst d' Schellnsau ausgspielt!" Des hörtse unmöglich o! Ein Noel kann keine Schellnsau nicht ausspielen, ein Noel kann vielleicht einen Kreuzbuben ausspielen, aber niemals eine Schellnsau! Noel und Schellnsau, de zwoa Begriffe san wesensfremd, de vertragnse ned!

Ok, hilft nix, jetza hoaßt des Kind Noel. Mei Bekannte is mit ihrem Doppelkinderwagen spaziern gfahrn, dann is oane entgegenkema und hod gsagt: „Omeiii! Sans ebba zwoa?" So eine Fragestellung bei einem Doppelkinderwagen! Mei Bekannte hod gsagt: „Ja, zwoa sans!" Dann hod de ander gsagt: „Mei, schee! Derfes oschaun? I schau so gern kloane Kinderlein o!" „No freilich", hod mei Bekannte gsagt, „schauns eine!" Dann hod de ander einegschaut und hods drin liegen seng: D'Luisa war rosarot ozogn und da Noel hellblau. Dann sagt de ander: „Ja gibt's des aa? Is ebba des a Pärchen? Ned, oder?" Mei Bekannte hod gsagt: „Ja, a Pärchen is!"

I hob später zu meiner Bekannten gsagt: „Woaßt, wos i dera aaf ihra bläde Frage gsagt hätt? I hätt gsagt: Naa, des is koa Pärchen! Des san zwoa Buama und oaner is jetza scho schwul!" Is doch wahr, Mensch! Aaf so a blöde Frage ghörtse a blöde Antwort!

So, dann is die Säuglingsphase vorbei, des Kind kann scho reden und sich aufrecht fortbewegen, dann wird des Kind selber blöd gfragt! I kann mi no guat an mei Kleinkindheit erinnern – i war voll verzweifelt, weil i immer glaubt hob, i hob den dümmsten Onkel der Welt. Der war dermaßen dumm, dass er mi als Kleinkind frong hod miassn, wia da Hund macht! „Tonilein, bitte sags mir: Wie macht der Hund?", hod er immer gfragt. I hob mir denkt, des gibt's doch ned, dass a erwachsener Mensch so bläd is. I hob eams dann langsam erklärt, dass ers schnallt, und hob gsagt „wau-wau", owa der hods ned kapiert! A Woch später, wenn er wieder zum Kaffeetrinka kema is, hod er mi scho wieder gfragt: „Tonilein, konnst mirs noml sagen, wie der Hund macht?"

Unglaublich, so viel Dummheit! Der hod überhaupt koa Tier kennt. I hob eam aa mehrmals erklärn miassn, dass a Pferd „ihaha" macht und a Kuah „muh", der hod des alles ned gwisst! I war zum Schluss so verzweifelt, dass i eam bloß no erklärt hob, wia da Fisch macht: I hob gar nix mehr gsagt!

Und dann de allerblödste Frage meiner Kindheit! I hob des gehasst, wenn sich irgend a Tante zu mir owebeugt hod und gütig gfragt hod: „Toni, wem ghörst denn du?" Wos soll des? I ghör niemandem! Mir hamm doch in Deitschland koa Sklaverei, ned amal in Bayern! Owa: I war a schlaues Kind! I hob sehr schnell gschnallt: Wenn i sag: „I ghör dem lieben Opa!", dann hod mir der fünf Mark gem! I war so grissn, dass i, wenn a Bsuach kema is, scho an d'Haustür grennt bin und gsagt hob: „Ihr miassts mi unbedingt fragen, wem i ghör!" Und drin hod da Opa scho sein Geldbeidl aussagrissn! I wenn ehrlich bin, i hob im Alter zwischen 3 und 5 Jahren durch mei vorgetäuschte Leibeigenschaft locker 500 Mark verdient! Eher mehr!

So, dann is de Kleinkindheit vorbei, dann kimmt d'Schulzeit! Unvermeidliche Begleiter in dera Zeit san d'Lehrer. I hob grundsätzlich nix gega Lehrer, aber: Lehrer hamm eine Begabung, dumm zu fragen, des is direkt bemerkenswert! I konn mi no guat erinnern an an Dog in da vierten Klass! Hamma Mathe ghabt. I sitz drin, konzentrier mi voll aaf den starken Schneefall, der draußen war – fragt mi da Lehrer völlig überraschend, ohne Vorwarnung: „Toni, bitte sag mir, wie viel ist zwölf mal sieben?"

Dann hobi owa scho gsagt: „Ja, wennstas du ned woaßt! Du host jahrelang studiert, i bin zehn Jahre alt! Schaama daad i mi an deiner Stell!"

I hobs eam aa ned gsagt, wia viel zwölf mal sieben is! Dann war er natürlich beleidigt, weil i eams ned gsagt hob, und hod mir an Sechser gem! So sans dann, de empfindlichen Pädagogen!

Dann, dann kimmt a ganz a schwierige Phase: Die Pubertät! De is ja vo Haus aus scho schwierig, weil de Hormone spinnen! Man is unsicher, auf der Suche nach sich selbst und alles kotzt oan o. Bei mir is no im wahrsten Sinne des Wortes erschwerend hinzukema, dassi wampert war und Pickel ghabt hob. Man konns kaum glauben, owa i war früher ned so attraktiv wia heit! Und drum hob i mit 16 no koa Freindin ghabt. Des hamm in da Familie und in da Verwandtschaft alle gwisst, alle. Owa glaubst, de hätten draaf Rücksicht gnumma? Im Gegenteil, de hamm immer in des schmerzhafte Thema einebohrt! D'Tante Fanny, des war de allerschlimmste! De hod zu mir gsagt: „Na Toni, host jetza endlich a Freindin?" De hod genau gwisst, dass i koane hob! Dann hob i traurig und voller Hormone gsagt: „Naa, Tante Fanny, i hob allaweil no koane!" Dann is vo ihr de nächste mitleidige und saublöde Frage kema: „Magst ebba dann a Tafel Schokolad?" De hobi dann begeistert mit „ja" beantwortet und drum hobi mit 18 Johrn immer no a Wampn und koa Freindin ghabt!

Owa irgendwann is soweit: Ein weibliches Wesen erbarmt sich, und du host a Freindin! Und du denkst als junger Mann, du hostas gschafft! Jetza konn wenigstens koana mehr blöd fragen, weil jetza host a Freindin. Von wegen – des mit de blöden Fragen, des geht weida! Kaum hob i a Freindin ghabt, hod mei Mama gfragt: „Wou is denn her? Is schwanger?" D'Tante Fanny hod gfragt: „Is katholisch?" Hob i gsagt: „Naa, griechisch-paradox!" Dann hamms gfragt: „Wann heiratstas nacha?"

De spinnen doch! Kaum host des Glück, dass a Frau näher als an Meter zu dir herkimmt, frongs di glei, wannstas heiratst! I war irgendwann so genervt vo dera Fragerei, dassi einfach gheirat hob, bloß dass a Ruah is!

Dann warns wieder ned zufrieden und hamm weidagfragt! D'Tante Frieda hod gfragt: „Mou er ebba?" – „muss er etwa?" aaf hochdeitsch.

Nein, der muss nicht! Der will, aber der darf nicht, drum muss er nicht! So, dann wari endlich verheiratet! Und dann – zwei Jahre nach der Hochzeit no koa Kind! Des konn passiern, du konnst di ja ned um alles kümmern! I hob damals an neia Opel Kadett ghabt, der hod a Pflege braucht! Do hob i mi ned ständig um d'Fortpflanzung kümmern kinna! Dann san natürlich sofort de nächsten saublöden Fragen kema. De gleiche Tante Frieda, de zwoa Johr vorher gfragt hat, ob i „ebba mou", de hod dann gfragt, ob i ebba ned konn! Und de sogenannten Freunde am Stammtisch, de san dann nach dem vierten Weißbier mit hochsensible Fragen daherkema: „Ha Done, geht nix, ha? Is koa Munition in da Pistoln?" Da Erwin hod gsagt: „Done, du muasst ins Ausland fahrn, do werns leichter schwanger!" Hobi gsagt: „Des mog scho sei, owa de fahrt ja mit!"

Irgendwann wars dann doch soweit: Nachwuchs war da! Und i hob mir denkt, in meiner Naivität: Sodala, jetza hobes gschafft! I hob a Frau, i hob a Kind, i hob a Auto, i hob a Haus, i hob Schulden – mi fragt keiner mehr blöd!

Von wegen! Jetza begann die Zeit der allerallerdümmsten Fragen! I konn mi no guat erinnern: I war beim Eikaffa im Supermarkt. I hob an Einkaufswagen gschoben und do drin hobi oa Literflaschen Cola liegen ghabt, sunst nix, bloß des Cola. Kimmt mein Freund Erwin daher und fragt mi Folgendes: „Ja servus Done! Duast ebba eikaffa?" Im Supermarkt fragt der mi des, wenn i an Einkaufswagen schiab! Normal hätt i sogn miassn: „Naa Erwin, i kaaf ned ei! I bin beim Urologen! Owa i bring mei Hosntürl ned aaf, drum geh i a bissl im Supermarkt spaziern, dass da Reißverschluss geschmeidiger wird!" Owa weil i a höflicher Mensch bin, hob i gsagt: „Jawoll Erwin, ich kaufe ein!" Owa er war damit ned zufrieden, er hod die Blödheit seiner Fragen no gesteigert! „Hosta ebba a Cola kafft?", hoda gfragt und aaf des Cola in mein Einkaufswagen deit. Eigentlich hätt i sogn miassn „Naa Erwin, des san braune Slipeinlagen! De hod da Lidl donnerstags in Flaschen abgfüllt! De san im Angebot!" Owa wia gsagt, i bin a höflicher Mensch und hob geantwortet: „A Hund bist scho, Erwin! Wia du no immer so schnell draafkimmst! Stimmt, i hobma a Cola kafft!"

Dann bini owa fluchtartig weida, weil mi der Depp gnervt hod. Dann steh i an da Fleisch- und Wurstabteilung, ganz alloa. Kein anderer Kunde war do, bloß i, ned amal a Verkäuferin war do, i war dodal einsam mit dem Fleisch und de Wirscht und meiner Flaschn Cola. Nach ca. zwoa Minuten Einsamkeit is a Verkäuferin aus einer Tür außakemma, wo „OO – Nur für Personal" draufgstandn is, hod sich d'Händ am Schurz abgwischt und hod gsagt: „Grüß Gott! Wer kimmt denn als nächster dro?" Wia gsagt, i war der oanzige Kunde! I wollt fast scho sogn: „Soll i no a paar Leit holn, dass de Frage an Sinn kriagt?", owa i hob dann bloß a Packerl Fleischsalat gnumma, weil Wurscht wollt i koane mehr, weils vorher am Klo war – d'Verkäuferin, ned d'Wurscht!

I bin dann spontan an d'Kasse, weil i wollt bloß no hoam, um vor de blöden Fragen sicher zu sein. An der Kasse hod mi de Kassiererin gfragt: „Möchten Sie eine Payback-Karte?" „Nein, weil ich spiele Schafkopf!", howe gsagt, „nicht payback!"

Dann kimm i hoam und gfreimi, weil i fragenmäßig in Sicherheit bin, doch dann geht's weida! Die eigene Frau stellt dir blöde Fragen! Unglaublich! Obwohl, eigentlich war des koa Frage, weil mei Frau hod gsagt: „Daaderst du heit no den Gartenzaun streicha?" Wenn dei Frau zu dir sowos sagt, dann nennt man des ned Frage, sondern Befehl!

Wie befohlen hob i mein Arbeitskittel anzogn, an Kübel dunkelbraune Farb packt und bin mitn Pinsel ausse zum Zaunstreicha. I hob gstricha und hob mi gfreit, weil mir der Zaun keine blöden Fragen gstellt hod. Nach ca. 30 Minuten kimmt mei Nachbar daher und sagt: „No Done, duast ebba du dein Zaun streicha?" „Jawoll", hobi gsagt, „gut erkannt!"

Diese Antwort hodna ned ganz befriedigt, weil er hod dann gfragt: „Streichstna ebba braun?" Da ganze Zaun war braun! Normal hätt i sogn miassn: „Naa, des is bloß d'Grundierung – der wird pink!" Owa i hob freundlich geantwortet: „Jawoll, braun!"

Übrigens, weil i d'Ehefrau erwähnt hob: Bei Frauen muassma Obacht gem! De fragen ned unbedingt blöd, aber sehr gefährlich! Hier a kostenloser, aber wertvoller Tipp für meine männlichen Leser: Wenn di dei Frau fragt: „Spatzerl, soll i heit aaf d'Nacht zum Ball des rote Kleid oziagn oder des schwarze?", dann antworte Folgendes: „Du, des is mir wurscht!" Dann schauts eventuell kurz grantig, owa der Abend an sich is gerettet! Weil wenn du zu ihr sagst: „Ziag des rote o", dann sagt sie sofort ganz gekränkt: „Wieso, gfallt dir ebba des schwarze ned?"! Und umkehrt gilt des Gleiche! Und wenn du bsonders nett sei willst und sagst: „Ziag des rote o, in dem schaust super aus!", dann sagst sie wei-

nerlich: „Schau i ebba im schwarzen scheiße aus!". Im Prinzip host du keine Chance, drum sag, dass dir des wurscht is!
Sehr gefährliche Fragen stellt aa die Polizei! Do muassma dodal Obacht gem, wosma sagt!
Zum Beispiel is dem Erwin Folgendes passiert:
Da Erwin wohnt vo unserm Stammwirtshaus ungefähr 800 Meter Luftlinie entfernt. Is er mitm Auto ins Wirtshaus gfahrn, weil er denkt hod: „Wenn in da Nacht a Kälteeinbruch kimmt und i muass z'Fuass hoam, dann werd i krank!" Dass er a Depp is, beweist die Tatsache, dass des am 11. August war!
Also, er mitm Auto de 800 Meter ins Wirtshaus, trinkt aus Versehen 9 Weißbier, vergisst vorübergehend die Promillegrenze und fürchtet gleichzeitig einen Kälteeinbruch. Langer Rede kurzer Sinn: Er fahrt de 800 Meter mitm Auto hoam, verfahrt sich owa, so dass fast zwoa Kilometer draus wern! Plötzlich, aaf da Streck, hinter eam a grün-silber gemustertes Auto mit zwei uniformierten Insassen, am Dach om a rote Leuchtschrift „Bitte anhalten!"
Erwin tut, wie ihm befohlen, und fahrt holprig rechts ran. Ein Polizist steigt aus, geht zum Erwin und klopft an die Fahrertür. Erwin macht die Tür aaf, fallt aussa und speibt spontan dem Polizisten aaf d Schuah. Stellt ihm der Polizist folgende blöde Frage: „Grüß Gott! Hamm Sie wos trunka?"
Da Erwin in seinem Dämmerzustand gibt eine falsche Antwort: „Jawooolll! Hicks! A Ding ..., a Afflscholle!" Bitte, liebe Leser, beachten: Wennma zu viel trunka hod, niemals „Apfelschorle" sagen! Des Wort Schorle, insbesondere de Buchstabenfolge „rl", is alkoholisiert unheimlich schwierig auszusprechen, praktisch unmöglich!
Owa zruck zum Erwin: Da Polizist stellt weiter Fragen, jetza a ganz a gfährliche: „Wären Sie mit einer Alkoholprobe einverstanden?" Lallt da Erwin angewidert: „Naa, bitte heit nimmer! I hob eh scho so viel gsuffa! Morgen gern, wenns wos Gscheits da habts!"
Und drum: Obacht, wenn die Polizei wos fragt!
Abschließend möcht i no betonen: Es gibt ned nur blöde Fragen, es gibt aa blöde Antworten!
Aa dafür is da Erwin a Beispiel:
Kimmt er unlängst umara 00 Uhr 30 vom Wirtshaus hoam, nimmer ganz nüchtern und verlockend nach Bier, Zigaretten und einer Fischsemmel duftend. Er ziagt seine Schuah aus und geht auf leisen Sohlen

in Richtung Schlafzimmer. Aafamal, vorm Schlafzimmer, kriegt er ein wahnsinnig intensives Gefühl erotischer Natur gegenüber seiner eigenen Frau! Er geht mit seinem Riesengefühl ins Schlafzimmer und fragt: „Spotzerl! Spotzerl, schlafst du scho?"

Dann hod sei Frau laut und deutlich gsagt: „Ja!

I mag ned probiern!

Grundsätzlich habe ich immer Hunger und Durst, was man mir leider auch ansieht! Und weil ich grundsätzlich immer Hunger und Durst habe, erinnere ich mich mit Grausen an eine Wanderung im Bayerischen Wald, genauer gesagt auf den schönen Berg Rachel. Das Wetter war heiß, ich war stundenlang alleine unterwegs und ich hatte, wie schon erwähnt, Hunger und Durst. Voller Vorfreude erreichte ich nach drei Stunden schweißtreibendem Aufstieg die Rachel-Forstdiensthütte, wo es gute und nahrhafte Sachen zu kaufen gibt. Die Freude hatte ein jähes Ende, als ich merkte: Ich hatte meinen Geldbeutel vergessen! Da war die Platzwahl wichtig! Ich fragte ein norddeutsches Ehepaar, das mit seinem korpulenten, ca. 8-jährigen Sohn – vor ihm stand ein Teller mit ca. einem Kilo Pommes Frites –, am Nachbartisch saß, ob an ihrem Tisch noch frei sei. „Natürlich, gerne, nehmen Sie doch Platz!", sagte die Mutter des minderjährigen Pommesbesitzers. Ich setzte mich hin und dachte mir: „Irgendwann muss die Mutter bieseln, der Vater muss mit und dann fresse ich dem Knaben schnell die Pommes zusammen und haue ab!" Von wegen! Weder Mutter noch Vater mussten bieseln! Der Preuße hat scheinbar nicht nur eine komische Sprache, sondern auch eine komische Blase! Hungrig, durstig und schlecht gelaunt ging ich wieder drei Stunden bergab und fuhr heim.

Warum erzähle ich das?

Weil ich zwar grundsätzlich, aber nicht immer Hunger und Durst habe! Und um eine dieser kurzen Phasen der Appetitlosigkeit geht es im Folgenden. Weil wenn du keinen Hunger hast, dann kriegst du etwas zum essen!

Ich litt einmal an üblem Brechdurchfall, war aber trotzdem gezwungen, im Supermarkt einzukaufen, da meiner Frau dies nicht möglich war – sie hatte mit ihren Freundinnen einen unverschiebbaren Nordic-Walking-Termin! Wobei ich gehässigerweise sagen muss, dass bei denen nicht die Körperertüchtigung, sondern der Informationsaustausch im Vordergrund steht.

Vor dem Einkauf hatte ich daheim noch eine Scheibe Zwieback und eine Tasse Fencheltee („wohltuend für Magen und Darm") zu mir genommen, damit es mir den Kreislauf nicht zusammenhaut!

Beim Aussteigen aus dem Auto auf dem Supermarktparkplatz merkte ich es schon, dass in meinen Gedärmen etwas Unschönes vor sich

ging! Ich hatte den Eindruck, dass der Fenchel zum Zwieback sagte: „Hä Zwieback! I wüll auße, du aa?" Und der Zwieback erwiderte: „Sowieso! Machmas aso: Du duast vorn auße und i hinten!" Ich habe das tatsächlich direkt gespürt in mir und dachte: „Hoffentlich bleim de zwoa no drin, bis i dahoam bin!"
Ich ging hinein und was geschah im Supermarkt?

Ich war noch gar nicht richtig drin, als mir eine charmante Dame ein Tablett mit vielen verschiedenen Käsestücken entgegenhielt und freundlich sprach: „Möchtens probiern? Heute Aktionstag, kostenlose Käseproben! Greifen Sie zu!"
Ich griff nicht zu und sprach: „Naa dankschee, i hob momentan koan Appetit ned!"
„Aber es ist kostenlos!", säuselte die Dame, „wir haben heute Aktionstag und wollen neue Käsesorten präsentieren! Nehmens ruhig was! Der hier ist aus mongolischer Stutenmilch mit tschetschenischen Schimmelkulturen! Kostet nichts!"
„Hörtse super o", sagte ich, „owa i bin verdauungsmäßig a weng gehandicapt! Aaf deitsch gsagt, mir is sauschlecht!"
Gedacht habe mir etwas anders: „Wenn du Rindviech mit dein Kaas damals am Rachel omgstandn waarst, dann hätti komplett alles gfressn!" Aber am Rachel war sie nicht, bloß die Preußen mit dem dicken Kind und der großen Blase!
„Kein Problem", meinte sie, „unser Käse wird biologisch erzeugt, ohne künstliche Zusätze, auch für den sensiblen Magen geeignet!"
„Des is mir wurscht, weil aaf deitsch gsagt hob i d'Scheißerei!"
Selbst diese vulgäre Bemerkung, die unter normalen Umständen nicht zu meinem Wortschatz gehört, konnte sie nicht schrecken! „Ach so, das tut mir leid! Ja dann, dann können Sie sich ja für später was mitnehmen, wenns wieder besser geht! Heute Aktionspreise!", lud sie mich ein. Ich nahm ein Pfund rein biologischen Mongolenkäse für nur 17 Euro mit, den sie mir in einen Plastikbeutel füllte, und mir war noch schlechter als vorher. Der Käse hat unvorstellbar gestunken! Ich konnte den Geruch nicht ertragen, ging zur Parfümerieabteilung, versteckte den stinkenden Beutel zwischen Deostiften und Haarfestiger und dachte mir: „Mei liawa, da werds schaun bei da Inventur!" So richtig freuen konnte ich mich wegen meiner Übelkeit aber nicht über meine hinterfotzige Aktion.

Ungefähr zwei Minuten später verstellte mir ein Mann den Weg. Erst dachte ich, er sei ein Fan vom TSV 1860 München, weil er blau-weiß gekleidet war, doch es war ein Grieche in landestypischer Tracht. Er roch wie ein alter Seebär. „Kännään Sie Tintänfisch in Aspik?", wollte er von mir wissen.

„Nein!", sagte ich barsch, „und i wüll eam aa ned kennalerna!"

„Bittää, das ist Tintänfisch in Aspik!", ignorierte er meine Ablehnung und hielt mir ein volles Tablett unter die Nase. Erst dachte ich, der Mann sei krank, doch dann merkte ich, dass das, was auf dem Tablett lag, von selbst so zitterte. Es waren sulzartige, durchsichtige Würfel, in denen man lilablaue Füße bzw. Arme von Tintenfischen inklusive Saugnäpfen erkennen konnte.

„Um Gottes Willen", sagte ich kreidebleich, „duans des Zeig weg!"

„Kostet nix heute, ist Produkteinführung in deutsche Land!"

„Des hilft nix", entgegnete ich, „weil mir is dermaßen schlecht, dass i des ned owebring!"

„Möchten Sie nehmen mit etwas für Zeit, wenn wieder besser gäht?"

„Ja guat, a Pfund nimm i dann mit für dahoam", ergab ich mich, um weiterzukommen. Er packte mir ein Pfund des zittrigen Produkts in einen Plastikbeutel, der dann beim Weitergehen in meiner Hand selbständig zitterte. Ich entsorgte das Zeug in der Tiefkühlabteilung zwischen Hähnchenschenkeln und gefrorenen Putenkeulen und dachte bei mir: „In zwanzig Minuten zittert des Glump nimmer, dann is gfrorn!"

Ich ging weiter und die Übelkeit wuchs. Zu allem Überfluss bemerkte ich, dass im hinteren Teil meiner Hose etwas nicht so war, wie es sein sollte, und dachte mir: „Der Herrgott gebe es, dass i do hintn bloß schwitz!"

Ich erreichte die Fleisch- und Wurstwarenabteilung.

Davor stand eine Frau mit sehr barocker Figur und sprach mich unter Vorhaltung eines Tabletts an: „Hamm Sie gwusst, dass Speck nicht gleich Speck ist?"

Ich war schlecht gelaunt und wollte schon sagen: „Des seg i an dir und an mir! Weil du bist wampert und i muskulös!" Aber ich blieb höflich und sagte: „Naa, des howe ned gwisst!"

„Unser original Südtiroler Bauernspeck ist über original Buchenholz geräuchert und stammt von original Südtiroler Schweinen! Diese wurden mit original Südtiroler Bergkräutern gefüttert!"

Auf dem Tablett, das sie mir dabei unter die Nase hielt, lagen schnee-weiße Speckwürfel, ohne die Spur von Muskelfleisch, nur blanker Speck! Ich vermied eine Diskussion und sagte: „I nimm a Pfund!" Mit diesem Angebot konnte ich die Speckfrau, die sich mit Speck schon wegen ihrer Figur sicher gut auskannte, befriedigen und mit ei-nem Kilo Originalspeck mit Originalzertifikat zu original 17,90 Euro und knapp 10.000 Originalkalorien ließ sie mich ziehen. Kreidebleich begab ich mich in Richtung Kasse, stellte aber vorher den Beutel mit Speck neben original Essiggurken ab.

Beim Gehen spürte ich etwas im Mund und dachte, eine Plombe sei mir herausgefallen, doch dann merkte ich: Es war die Vorhut des Zwie-backs! Also schnell nach Hause!

Leider lag auf dem Weg zur Kasse die Molkereiabteilung, in der mich ein Mann mit folgenden Worten verwirrte: „Kennen Sie Kefir?"

„Nein", antwortete ich, „hoda wos angstellt?"

„Das ist Kefir!", sprach er begeistert und hielt mir eine Schüssel mit ei-ner Masse unter die Nase, die aussah, als hätte sie eine Katze erbro-chen, die verdorbene Milch erwischt hatte.

Ich konnte mich aufgrund meiner Übelkeit auf keine Diskussionen mehr einlassen. „A Pfund bittschön", sagte ich.

„Gibt nur Liter!"

„Dann a Mass, zefix!" Langsam wurde ich grantig.

Der Kefir-Promoter freute sich und ich ging kefirbeladen zur Kasse, zahlte den weißen Dreck und warf ihn in den Flaschencontainer.

Die Dame an der Kasse, an ihrem Namensschild als „Nicole Krump-hansl" erkennbar, fragte mich, ob ich schon eine Payback-Karte besä-ße. „Naa", sagte ich, „und i will aa koane probiern! Owa wenns unbe-dingt sei muass, dann nimm i a Pfund mit!" Kopfschüttelnd kassierte sie mich ab und kreidebleich verließ ich mit vollem Mund und leerem Geldbeutel den Ort des Grauens.

So viel zum Thema „Aktionstag im Supermarkt"!

Nein, halt, noch etwas:

Ich war, da ich Grenzstadtbewohner bin, in meinem Leben etwa zwan-zigmal in unserem Nachbarland, der tschechischen Republik, um zu tanken und Zigaretten zu kaufen. Nie wurde mir etwas kostenlos an-geboten.

Nur einmal, und da hatte ich meine Frau dabei. Da stand vor einem Haus mit der verlockenden roten Leuchtreklame „Club für Gentlemen" ein ausnehmend hübsches junges Mädchen und hielt mich mit folgenden Worten an: „Haben wir heite zähn Jahre Jubiläum von Ärotik-Club Tschentelmän! Darf jedär Gast einmal kostänlos! Haben vielleicht Lust där Härr?"

Ich deutete missmutig auf meine Frau auf dem Beifahrersitz und sagte frustriert zu dem schönen jungen Mädchen: „Do, schau ume!" Das verstand das Mädchen komplett falsch! Sie ging auf die andere Seite des Autos und fragte meine Frau, ob diese Lust habe.

Die pseudotschechische Antwort meiner Frau war demütigend! Sie sagte zu dem Mädchen, auf mich deutend: „Ich nicht wollään, er nicht könnään!"

Das war gemein, hundsgemein! Aber das allergemeinste war: Ich durfte mir nicht einmal was mit nach Hause nehmen!

So waren die 70er

Es gibt in Bayern an großen Radiosender, der hoaßt Bayern 1.
Der hatte einmal den Slogan „Wir lieben Oldies". Und de Leit vom
Sender hamm zu mir gsagt: „Herr Lauerer, Sie könnten doch amal was
Lustiges zum Thema Oldies schreiben. So von den Anfangszeiten der
Beatles so umara 1960, 1961 – des war doch die Zeit, wo Sie als Jugend-
licher in der Lederjacken und mit de Jeans in de Jugendclubs und in
de Discos ghockt san, oder? Da hammses doch kracha lassen damals!"
„Eigentlich weniger", hob i gsagt, „i bin 1959 geborn! Soweit i mi er-
innern konn, war i 1960 selten in da Disco und hobs kracha lassn. I
hobs seinerzeit eher in da Windel kracha lassn!" I bin ned so old wia
i ausschau, mei Plattn und mei Wampn, des deischt!"
Des war eahna dann doch a weng peinlich, dass mi so old eigschatzt
hamm, dann hamms gsagt: „Aber über die 70er, do kanntn Sie doch
wos sagn, oder?"
Des konn i! De 70er, des war mei Zeit. A geile Zeit war des. Owa mir
hamms ned gwisst, dass des a geile Zeit is, weil des Wort „geil" hamms
erst später erfunden. Cool warn de 70er aa, owa des hamma damals aa
ned gwisst. Wissen Sie, wos mir damals gsagt hamm, wenn uns wos
ganz guat gfalln hod? „Stark", hamma gsagt, „des is stark!" A Deandl
hod zum Beispiel stark ausgschaut, wenns schee war. Und wenns ganz
schee war, dann wars „voll stark".
A paar Ausnahmeschönheiten warn „saustark", owa de hamm unser-
oan in der Regel gar ned ogschaut, weil unseroaner war mehr des,
wosma heit an „Loser" nennt. Gott sei Dank hods des Wort „Loser"
damals no ned gebn – zu mir hod nie jemand gsagt: „Du bist a Loser!"
Zu mir hamms gsagt: „Du bist a Depp!"
Und mir warn lauter Deppen: I war a Depp und meine ganzn Kumpel
warn aa Deppen! Im Nachhinein betrachtet, warma Volldeppen!
Aber sogar als Depp host du in de 70er Jahre überall mitmacha derfa!
So an Schmarrn wia „Dissen" oder „soziale Ausgrenzung", des hods
damals ned gem! Jeder Depp war integriert!
Zum Beispiel am Samstagabend: Do war in de 70er Jahre in jedem
Dorfwirtshaus, des an Saal dabei ghabt hod, Tanz! Mit echte lebendige
Bands! De hamm damals „Musikkapelln" ghoaßn. Und de hamm
dann so phantasiereiche Namen ghabt, de nach Urlaub, Ferne und
Meer klunga hamm: Los Flamingos, Caballeros, El Dorados! Heit

hoaßns ja wia a Gebäude – Tokio Hotel – oder wia a Geldbetrag – 50 Cent.

50 Cent! Wia konn denn i als Eltern so verantwortungslos sei und mein Sohn „Fuchzgerl" taufa? Des muassmase amal vorstelln! Wenn dann da Voda den Buam schimpft und sagt: „Kruzefünferl Fuchzgerl, ab in dei Zimmer!" Dann gibt's a deitsche Band, de hoaßn wia a Schizophrener – Ich & Ich. In Berlin gibts oan, der hoaßt wia a Spülmittel: Sido.

Tanzt hodma in de 70er aa ganz anders wia heitzudogs. I hobma vo meine Kinder sagn lassen, dassma se in da Disco „antanzt"! Des lafft aso, dass jeder und jede oanzeln aaf da Tanzfläche herumzuckt und wennma an jemandem Interesse hod, dann gehtma hi und zuckt mit – völlig wortlos. Und wennma als Bua mit oaner a Stund zuckt, dann isma mit dera befreundet. Wennma zwoa Stund mit oaner zuckt, dann isma ihrer fester Freind. Und jetza kimmt da Hammer: Da Sohn von an Bekannten vo mir, der hod drei Stund mit oaner zuckt – de is schwanger! Unglaublich!

In de 70er Jahre war des no ganz anders: Du bist als junger Bursch, i als Depp, umara sieme in den Saal, host vier Mark Eintritt zahlt und dann host du im Saal gschaut, welches weibliche Material anwesend is. Um zwölfe dann, nach dem fünften Weißbier, do wars dann wurscht! Du host dir denkt: „Noja, im weitesten Sinne is a Frau, also tanz i mit ihr!" Und tanzn is aso ganga: Man hat sich dem Deandl genähert und dann hodma möglichst höflich gschrian: „Hä! Magst danzn oder ned?"

Meistens wollts ned.

Es hod ja bestimmte Lieder gem, de warn sehr beliebt, weil do bist sogar als Depp ziemlich eng an a Deandl hikema. Zum Beispiel „weine nicht, kleine Eva" oder „Aber dich gibt's nur einmal für mich". Da totale Hammer war ja „Je t'aime"! Bloß woaß i bis heit ned, wiama des tanzt! Weil immer, wenn i bei Je t'aime oane aafgfordert hob, hods gsagt: „Du, naa, momentan ned!" I woaß ned, an wos des glegn is! Obwohl, vielleicht is an dem glegn: Immer am Anfang vom Tanzabend hamms Polka gspielt oder Marsch oder Zwiefache. Und i hob mir denkt, dass des für mi nix is, weil i do bloß schwitzn muass. „Trinkst liawa a Weißbier und wartst aaf Je t'aime", hob i mir denkt.

Und dann hamm de Hanswurschtn von da Tanzkapelln fünf Weißbier lang Polka und Märsche gspielt! Und dann Je t'aime! Dann bin i

schlagartig aaf a saustarks Deandl higstocha, bin vor ihr ausgrutscht und hob gsagt: „Hicks! Magst danzn oder ned?" Dann wollts ned. In den Tanzpausen hodma dann a Currywurscht mit Pommes oder a Schnitzel mit Pommes gessn. De Geldigen hamm damals scho a Cordon bleu gessn. I ned, weil i hob mir denkt: „Wos i ned schreibn konn, des friese aa ned!" Des Essen war zwar sehr gehaltvoll, owa Gott sei Dank hodma d'Kalorien bei uns am Land aa no ned aso kennt. Wir hamm in den Pausen essn miassn, weil des chillen war no ned erfunden! Wenn's chillen damals scho gebn hätt, waar i nie so wampert wordn! Apropos Pommes: Pommes warn damals total neimodisch! Mir in da Oberpfalz, mir hamm bis 1970 gar ned gwisst, dass Erdäpfel gstreift san! Mir hamms jahrzehntelang rund gfressn! Und jetza kimmt da Hammer: Wissen Sie, wosma mir während dem Essen gmacht hamm? Es is unvorstellbar, aber wahr: Wir hamm graucht! Mitten im Wirtshaus! Während der Mahlzeit! Wahnsinn! Wos mir für eine kriminelle Energie ghabt hamm! Heitzudogs daadns di eisperrn! Owa damals in de 70er, do warn alle so gesetzlos! Lord, Salem, Astor, Milde Sorte, wosma dawischt hamm! I war amal in oane, de neba mir a halberts Gockerl gessn hod, verliebt und hob aus Versehen vo da Lord Extra abbissn und wollt a Pommes raucha! Ja, aa wenn des heit koaner mehr glaubt, wir hamm einfach graucht! Und koaner hodse beschwert! Doch, oamol: Do hod da Pfeiffer Kare sein Cousin aus Wolfenbüttel dabeighabt. Wolfenbüttel – des sagt alles! Der hod gsagt, dass eam vo dem Zigarettenrauch de Augn brenna. „Ach bittöö, könntet ihr die Zigaretten ausmachen!", hoda gwinslt. Dann hamma mir gsagt „okay, des akzeptierma, weil du bist Gast in Bayern". Und dann hamma unsere Zigrettn ausgmacht und hamma uns Zigarrn ozundn. Der hod direkt drum gebeten, dassma wieder Zigrettn raucha! I muass zuagebn: De feine englische Art war des ned, owa wir warma halt jung!
Apropos englische Art:
Unsere Eltern hamm ja in da Schul koa Englisch ghabt und drum hamm sie de englischen Liedtexte ned verstandn. Rivers of Babylon, This Flight tonight, Rocking all over the World, Wig Wam Bam, – des hamm unsere Eltern pauschal als Negermusik bezeichnet. Mei Voda hod immer gsagt: „Du scho wieder mit deiner Nägamuse!" So ein Schmarrn! Erstens is des rassistisch, und zwoatens hamm des alles

Weiße gsunga! Des Problem war einfach des, dass unsere Eltern des Englisch ned verstandn hamm. Wir dagegen von da damals jungen Generation, wir hamm in da Schul scho Englisch ghabt – und hamm de Texte trotzdem ned verstanden. Also i, i hob immer bloß de ersten Zeilen mitsinga kinna, dann hob i mit „dadada" weidagsunga. „Rocking all over the World" zum Beispiel vo Status Quo: „Here we are and here we are and here we go, dadada-dadada, here we go-ou, rocking all over the world". I woaß des heit no ned, wias weidageht! Owa es waren schöne Zeiten! Mir san nach Nürnberg gfahrn zum Status Quo-Konzert. 1978, i war da Fahrer. I war in da Clique da oanzige, der wos mit 19 scho a Auto ghabt hod – an VW Käfer. Samma gfahrn mit mein Käfer, sieben Mann! Und vorn da Erwin und i! Heit hamms ja mit 18 scho an BMW, weil lesen kinnans ned, owa leasen! Aso a Käfer, der war aa ideal für an zwischengeschlechtlichen Kontakt! Weil mit da Freindin dahoam aafs Zimmer – unmöglich! De Eltern hätten di derschlagen oder no schlimmer: Enterbt! Do war dann a Auto scho günstig. Wia gsagt, i war da oanzige in da Clique, der mit 19 scho a Auto ghabt hod, allerdings war i aa da oanzige, der mit 19 no koa Freindin ghabt hod. Und dabei hätt mei Käfer Liegesitze ghabt! Völlig sinnlos! Obwohl, völlig sinnlos ned! Weil i hob dann für 5 D-Mark Miete pro angefangene Stund den Käfer an meine Freind verpachtet, bei denen frauenmäßig scho wos ganga is. I hob derweil a Currywurscht gessn, do leid i heit no drunter – also physisch, weil i z'wampert bin; psychisch howes zwischenzeitlich verarbeitet! Wenn amal am Samstag koa Tanzveranstaltung war, dann hodma Fernseh gschaut. Und zwar alle des Gleiche, weil man hod bloß oan Fernseh pro Haushalt ghabt! Damals hamm no Familien Fernseh gschaut, koane Zielgruppen! „Am laufenden Band" mit'm Rudi Carell war mei Lieblingssendung. Kennens des no? Do hammse d'Leit gfreit, wenns an Toaster gwunna hamm oder a Kofferradio oder a Reise nach Südtirol oder a Fragezeichen. Heit sans maßlos enttäuscht, wenns beim Jauch trotz vier Joker bloß 16.000 Euro eisackln. Vom Hirn her hättens 16 000 zahln miassn, weil Blödheit ghört bestraft! Owa es gibt ja no viel schlimmere Quizshows! Do san dann de Fragen hochkompliziert, beispielsweise: Was fällt im Winter vom Himmel? a) Schnee, b) Tee. Dann ruafan in zwoa Stund 50.000 Volldeppen o und gfreinse, weilses wissen! Gwinna daans owa nix, im Gegenteil, sie miassn zahln, weils ogruafa hamm. Do is dann de Freid über de persönliche Intelligenz glei weg! Es hod insgesamt drei Programme gebn und zwar folgende: Des erste, des zwoate und des dritte. Do san schöne Sendungen kemma, ab und zu unterbrochen durch a Ansagerin. Heitzudogs kimmt ja Werbung, ab und zu unterbrochen durch Wiederholungen vo Serien aus de 70er oder amerikanische Soaps aus de 90er.

Um 24 Uhr war Sendeschluss, und dann isma ins Bett ganga und hodse drum kümmert, dass de Bevölkerungspyramide stimmt. Heit wird 24 Stund durchgesendet, man kimmt nimmer ins Bett, und des is meiner Meinung nach der Hauptgrund für de Überalterung und de katastrophalen Geburtenzahlen!

Mit 894 verschiedene Fernsehsender bist ja sowieso zum Wahnsinn verurteilt. I hob amal glesn, oana hod vier Wochen nur Privatsender gschaut, dann hoda an IQ vo 100 ghabt! Allerdings hoda vorher 140 ghabt!

Des mit der Dummheit, des is sowieso a Riesenproblem!

Schauns her, in den 70ern, do hamma „Bezaubernde Jeannie" ogschaut. Do war da Hauptdarsteller aso a bauchige Flasche, aus dera is a Geist aussakemma.

Heitzudogs wenn i aaf an Privatsender a Talkshow oschau, do san de Hauptdarsteller zwar aa Flaschen, meistens sogar sehr bauchige; de kinnan sogar reden, owa irgendwos, wos mit Geist zum dua hod, is do no vo koaner aussakemma!

Oder de Krimis! De warn in de 70er einfacher und besser. „Der Kommissar" zum Beispiel: Do warn de Polizisten, des warn de Guadn. Dann der Mörder, des war da Böse. Und des Opfer, des war tot. Und am Schluss hamm de Guadn den Bösen dawischt, und er hod vom Richter lebenslänglich kriagt.

In da heitigen Zeit is des anders: Der Mörder is zwar immer no da Mörder, owa ob er böse is, des woaßma ned gwiss, weil er is in einer psychischen Ausnahmesituation, und außerdem hod er als Kind gseng, wia a Sau gschlacht wordn is. De Polizisten san per Du mit jedem Zuhälter und jeder zwielichtigen Gestalt in da ganzn Stod, und des Opfer wandert nach Kanada aus und macht a Doku-Soap draus, de hoaßt „Auslandstagebuch". Am Schluss kriagt da Richter lebenslänglich, weil er aaf sein Dienstcomputer Daten vo Verbrecher gspeichert hod. Es is einfach alles viel komplizierter wordn!

Apropos kompliziert: Kinnan Eahna Sie no erinnern, wia einfach des früher war, wennmase mit da Clique verabredet hod? Man hodse am Nachmittag zammtelefoniert und um sieme aaf d'Nacht hodmase troffa und is furtganga mitanand.

Des konnst du heit vergessen! Oana is ned erreichbar, weil er sei Handy ausgschalt hod; da ander hods zwar eigschalt, owa er hod koa Netz; beim dritten is da Akku laar, und da vierte hod sei Lieblingsmusik im Ohr und hört vo Haus aus nix.

Jetza sogn Sie vielleicht, man kannt ja dann dahoam am Festnetz oruafa wia früher in den 70ern. Vergessens des! Keine Sau is dahoam! Oaner is im Fitnesscenter, oaner beim Zumba und der nächste is im Chat! Ununterbrochen!

Überhaupt: Chat – des is da Wahnsinn!

Wenn du früher wampert warst und ned bsonders schee, so wia i in etwa, dann hod des jeder gseng und jeder gwusst.

Und drum warst du relativ seelisch ausgeglichen, weil du gwusst host, dass jeder woaß, dass du wampert und ned bsonders schee bist.

Owa heitzudogs mit dem Chat, des is da reinste Betrug!

I hob an Bekannten, der hod an Sohn, der is 16, hoaßt Konrad, hod 118 Kilo und ungefähr genauso viel Pickel im fettigen Gsicht. So, und wos duat da Konrad? Anstatt, dass er ins Training geht, dass sei Wampn kloaner wird, geht er liawa in den Chat. In jeder freien Minutn chattet da Konrad! Owa da Konrad is im Chat ned da Konrad, naa – er is da Marc! Und er hod ned 118 Kilo, sondern an Traumbody! Und er is aa ned Sauborstenzammkehrer im Schlachthof, sondern Eventmanager. Und weil er rein elektrisch aso a Supertyp is, hod er im Chat oane kennaglernt. Desiree hoaßts, blond is, schlank, 19 Johr und vermutlich Stewardess. Weil sie hod über sich selber gschriem: „Es ist der Wahnsinn! Im Beruf fliege ich dauernd!". Und hobbymäßig passts ganz guat zu eam, moant da Konrad alias Marc. Weil sie hod gschriem: „Ich habe nur ein Hobby – Shoppen!" Hod er gsagt: „Des is super! Mei Hobby san zwar eher Halbe und Massen, owa für a Frau is a Schoppen aa ok!" De wird schaun, falls sie amal den Konrad in natura segt! Do wird's zur Beruhigung an Schoppen braucha!

Owa wahrscheinlich hoaßt d'Desiree Kreszenz, is rothaarig, an Meter 46 groß und damit breiter als hoch, hod a Stimm wia a Kreißsäg und is Hilfsspülerin im Dönerstand. Dann gleichtse alles wieder aus und de zwoa passen ganz guat zamm!

Do hodmase in de 70er Jahre scho leichter do, weil do san oan solche Schocks normal erspart bliebn, denn man hod no mit echte Leit gred, ned mit elektrische.

I denk heit no gern zruck an Schlaghosen, an Sweet, Slade, T.Rex oder Abba. Guat, heit samma zwar scho 50 und leicht drüber, owa trotzdem wars eine Traum-Zeit, oder?

Apropos Traum:

Wos glaubns, wos mir vor kurzem passiert is: I sitz in an Bistro und trink an Cafe Latte. Des is übrigens aa so a Sach mit dem Cafe Latte. I les des in da Getränkekarte und denkma: „Latte? Hm .., jetza bin i aa scho über 50 – kann nicht schaden!" Trinki acht Cafe Latte und wart – null komma null Wirkung! Außer dass i sechsmal beim Biesln war und drei Dog nimmer schloffa hob kinna!

Also, i sitz im Bistro, kemman zwoa bluatjunge bildsauberne Deandln eina. Zwoa junge Burschen sitzen an da Theke und sogn: „Ey, kemmts her zu uns, ihr zwoa Hübschen!" Und wos machan de Deandln? Setzen sich zu mir her! Zu mir! Des is für an Mo wia mi ein seelischer Höhepunkt! Dann hobes gfragt: „Mensch, ihr seids zwoa so bildsauberne Deandln! Und ihr setzts eich zu mir her! Zu mir! Wieso akkrat zu mir, ha?"

Und dann hamms wos gsagt, des hod mi unheimlich gfreit – sie hamm gsagt: „Weil wir, wir lieben Oldies!

Seit langer Zeit war ich wieder mal so hartnäckig erkältet, dass ich weder arbeiten noch meine geliebten Waldspaziergänge unternehmen konnte, geschweige denn Rad fahren! Ins Bett wollte ich auch nicht, weil wenn man alle fünf Minuten niesen und alle drei Minuten husten muss, ist der Schlaf nicht allzu erholsam. Also habe ich mir notgedrungen einen Nachmittag lang das Programm einiger privater TV-Anbieter zu Gemüte geführt, das tagsüber über den Bildschirm flimmert und das ich unter normalen Umständen nicht sehe – GOTTSEIDANK! Denn was meine Augen und vor allem mein Gehirn in den paar Stunden ertragen mussten, das war

Der tägliche Horror

Die Auswahl an Wahnsinn ist groß, aber ich fing mit einer Sendung an, die mir vom Titel her nicht unsympathisch erschien: „**Frauentausch!**"

Der tiefere Sinn dieses Machwerks erschloss sich mir nicht, es geht darin kurz gesagt darum, dass zwei verheiratete Männer ihre Frauen tauschen und die Tauschfrauen versuchen, Ordnung und Struktur in den verwahrlosten Haushalt des vorübergehenden Partners zu bringen und dessen ungehobelte Kinder in ca. vier Tagen umzuerziehen.

Zunächst wurde das erste Paar eingeblendet, und zwar in der Situation der Abreise der Gattin zum Tauschmann. Auf den ersten Blick dachte ich, da reisen zwei Frauen ab, doch es war auf den zweiten Blick nur eine, allerdings mit dem Gewicht von zwei. Die Zigarette in der einen, das Handy in der anderen Hand, zerdrückte sie eine Abschiedsträne, um sich dann in das bereitstehende Taxi plumpsen zu lassen, welches daraufhin erkennbar tiefer auf der Straße lag.

Ihr Mann winkte ihr noch betrübt mit der linken Hand nach, weil er mit der rechten schlecht konnte. In dieser hielt er nämlich eine Bierdose, mit der er seinen Kummer über den temporären Verlust von 140 Kilo geballter Erotik zu ertränken suchte. Leider sagte er noch „tschau mein Schatz!", was sein extrem schadhaftes Gebiss zutage förderte, bestehend aus fünf bis sechs bräunlichen sog. Zähnen.

Ich persönlich wäre froh gewesen, sie eine Zeit los zu sein, doch er war es nicht. Ahnte er vielleicht schon, was als Tauschobjekt auf ihn zukommen würde?

Denn kaum war das Taxi mit der schweren Fracht weg, fuhr ein anderes vor. Diesem entstieg ein klapperdürres, vermutlich weibliches Wesen, deren Begrüßungslächeln eindeutig bewies, dass sie über noch weniger Zähne verfügte als ihr neuer Partner. Gottlob lenkte ihre wischmobähnliche Haarpracht vom Gebiss ab. Nachdem sie die Zigarette ausgedrückt hatte, stellte sie sich vor: „Hallo, ick bin die Jenny! Ick freu mir schon uff unsere jemeinsame Zeit! Und det mit dem Biersaufen aus der Dose kannste gleich vergessen! Dat det mal klar ist! Bei mir wird nur aus der Flasche jesoffen, det is besser für die Umwelt!"

Ein Schock für den Mannesstolz! Noch kaum da, kommandierte sie ihn schon herum! Noch dazu vor seinen vier Kindern, die tattooübersät und neugierig auf die neue Mutter neben ihm standen.

Da musste er gleich für klare Verhältnisse sorgen! „Ich sauf pro Woche eine Palette Pils aus der Dose und das bleibt so, basta!"

Jawoll, ein Mann mit Prinzipien! Ich ahnte es schon: Mit dem hatte die magere Tauschfrau kein leichtes Spiel! Er war und blieb ein Dosenfan, da konnte sie sagen, was sie wollte! Ein Hosenfan war er scheinbar nicht, denn das graue Joggingteil hing an ihm wie ein Sack und gab vorne den Blick auf einen behaarten schneeweißen Bauch und hinten auf das obere Ende seiner Poritze frei.

Auch dass die tätowierten Kinder an Schokoriegeln kauten, passte ihr ganz und gar nicht! „Det süße Zeugs kommt weg! Ihr müsst mal wat Jesundes essen, 'n Döner oder so!" Vermutlich war sie promovierte Ernährungsberaterin, da sie sich auf diesem Gebiet so gut auskannte.

„Na, dann komm mal rein!", sagte der vierfache Vater und, wie es eine Einblendung verriet, Diplomlebenskünstler Jörn. Dieser Satz von ihm klang aber eher drohend als einladend. Ich hätte gerne gewusst, wie es weiterging, aber es folgte ein filmischer Schnitt zur Ankunft von Jörns dickerer Hälfte beim Gatten der dürren Dosenfeindin und Dönerfreundin.

Schwitzend und rauchend entstieg sie dem ächzenden Taxi, neugierig erwartet vom langzeitarbeitslosen Uwe, der mit einigen welken Rosen und billigen Pralinen polnischer Herkunft vor der Gartentüre stand, offenbar kinderlos, aber eskortiert von zwei Hunden und etlichen Katzen, die er sein eigen nannte. Tanja, ein viel zu schöner Name für dieses wuchtige Weib, hielt sich nicht lange mit Begrüßungsfloskeln auf und sprach: „Hallo Uwe! Ich hab Dessous und einen original lieblichen südtiroler Bauerntrunk mitgebracht, damit machen wir uns einen schönen Abend!"

Nicht nur Uwe, auch seine Katzen schauten sehr ängstlich angesichts dieser Ankündigung. Vermutlich befürchteten die Katzen, dass sie als Imbiss zum Bauerntrunk dienen würden.

Und auch mir als Zuschauer wurde bang, und ich dachte mir: „Bevor ich die in Dessous sehe, schalte ich lieber um!"

Gesagt, getan – ich überließ Uwe seinem Schicksal und zappte auf ein anderes Programm.

Hier lief gerade eine Sendung namens „**Mein dunkles Geheimnis**".

Ich hatte den Anfang der Folge nicht gesehen, aber das spielt bei Produktionen dieser Art eine eher untergeordnete Rolle. Schnell war mir klar, um was es ging:

Eine junge Frau hatte ihrem Mann erzählt, dass sie einen Volkshochschulkurs mache, in dem ihr die Geschichte des tibetanischen Volkes nähergebracht wird. Er wunderte sich zwar über dieses plötzliche Interesse, aber sie hatte eine einleuchtende Erklärung: Als Kind habe sie einmal einen tibetanischen Hirtenhund besessen, den sie abgöttisch liebte. Und nun wolle sie mehr über dieses Volk wissen, das so tolle Hunde hervorbringt! Damit war der Gatte beruhigt und ließ sie gewähren – und welcher Mann wäre nicht stolz auf eine gebildete Frau, die sich auf den Hochebenen des Himalaya auskennt!

Was er natürlich nicht wusste: Jeden Dienstag- und Donnerstagabend, wenn er sie in der Volkshochschule wähnte, pflegte sie in einem zwielichtigen Etablissement die alte Handwerkskunst des Tabledance, die darin gipfelte, dass sie zum Schluss der Darbietung vollends nackt war – was allerdings nicht weiter verwunderlich war, da sie auch zu Beginn schon nichts an hatte.

Ein sehr dunkles Geheimnis, wie ich finde! Aber wie es halt oft ist: Alles kommt ans Licht, meist durch puren Zufall – so auch in diesem delikaten Fall!

Denn auch ihr Gatte hatte ein dunkles Geheimnis: Er gab vor, Überstunden machen zu müssen, weil er in seinem Beruf als Innenarchitekt so extrem erfolgreich war. Mich wunderte dies, da er beileibe nicht aussah wie ein Innenarchitekt, eher wie der Untergebene des Gehilfen eines Hilfspförtners, der nicht extrem erfolgreich, sondern extrem doof war. Egal, jedenfalls war das mit den Überstunden eine glatte Lüge!

Denn er ging nach getaner (ich vermutete eher nicht getaner) Arbeit immer wieder in Lokale, wo Männer sich erotische Momente gönnen, die sie zuhause vermissen, da die Gattin dermaßen verklemmt ist, dass sie weder nackt kocht noch putzt! Und so kam es, wie es kommen musste: Eines Tages betrat er just jene Lokalität, in der seine Jacqueline ihren tibetanischen Strip zum Besten gab.

Wer nun meint, ein hässlicher Streit sei die Folge gewesen, der irrt: Jean, so der Name des angeblichen Innenarchitekten, war begeistert von seiner sich vor gierigen Männern räkelnden Frau und schlug ihr vor, die Darbietung zuhause fortzusetzen, was dazu führte, dass einer der gierigen Männer mit russischem Akzent ihm Schläge androhte, falls er nicht augenblicklich verschwände. Jean verschwand, allerdings auch Jacqueline, und vermutlich feierten sie dann in den heimischen vier Wänden die Lüftung ihrer dunklen Geheimnisse.

Ich war mit diesem harmonischen Ausgang sehr zufrieden und konnte demzufolge getrost umschalten.

Auf dem Sender, in dessen Fänge ich nun geraten war, lief eine Doku-Soap mit dem kecken Titel **„Verklag mich doch!"**

Der Sachverhalt, um den es sich drehte, ist alltäglich und schnell erklärt: Jimmy war früher eine Frau namens Helga gewesen, hatte sich aber zum Mann umoperieren und -hormonisieren lassen, weil sie/er irgendwie gespürt hatte, dass etwas nicht stimme mit ihr/ihm. Auf die anatomischen Details gehe ich hier nicht ein, da sich unter meinen Lesern auch Kinder befinden.

Nun aber hatte sie/er festgestellt: Es stimmt immer noch etwas nicht mit ihr/ihm! Was nur eine Schlussfolgerung zuließ: Nicht der Körper war das fehlerhafte Detail, sondern das Gehirn! Verkompliziert wurde die an sich einfache Angelegenheit dadurch, dass sich Alois, der Mann von Helga, von ihr getrennt hatte, da er keine Neigung verspürte, seine Tage und vor allem Nächte mit Jimmy zu verbringen. Umgekehrt bestand diese Neigung allerdings schon noch, warum auch immer. Helgas drei Kinder wollten auch lieber eine Mutter als zwei Väter, es war also schwierig geworden!

Umgehend wurde Jimmy, geb. Helga, wieder beim einstmaligen Operateur vorstellig und bat um erneute Behandlung, die ihn/sie wieder zur Helga machte, kostenlos natürlich! Doch nun offenbarte sich die Charakterlosigkeit des albanischen (welch rassistische Tendenz!) Arztes: Er lehnte brüsk ab!

Das Jimmy weinte bitterlich und bestand auf Rückoperation, weil der skrupellose Arzt vor der ersten Operation hätte erkennen müssen, dass nicht der Leib, sondern der Geist von Helga schadhaft war. Also hatte er sie falsch beraten, demzufolge müsse der Fehler ohne Kosten rückgängig gemacht werden. Auch hier möchte ich aus verständlichen Gründen auf die anatomischen Details nicht eingehen. Und nun sagte der Arzt den Satz, der den Titel der Sendung prägte: „Verklag mich doch!"

Gottlob wurde dann Werbung eingeblendet, denn die Angelegenheit hatte mich psychisch doch mehr belastet als gedacht.

Ich wechselte abermals den Sender und dachte mir: „Oh, schön – endlich ein Naturfilm!" Zu gefälliger Musik sah man saftig grüne Wiesen, eingebettet in Berge und Wälder und bebaut mit lüftlbemalten Bauernhöfen. Doch die Idylle wurde jäh zerstört: Mit einem Trecker aus den frühen 50er Jahren fuhr der schwitzende Schweinebauer Sven Schwaiger ins Bild! Sie ahnen es: Ich hatte **„Bauer sucht Frau"** erwischt! Diese Sendung ist ein klares Indiz für untergehende Kulturen: Tölpelhafte (oft mehr als das!) Junggesellen auf der Suche nach dem anderen Geschlecht werden wie Tanzbären bei ihren nur auf den ersten Blick lustigen Anbandelungsversuchen gefilmt und der Nation präsentiert!

Wenn nun der Zuschauer meint, die Unbeholfenheit und Tolpatschigkeit der ländlichen Freier sei durch nichts mehr zu übertreffen, so hat er die Rechnung ohne die Bewerberinnen gemacht! Wer da oft mit Mähdreschern, Traktoren, Leiterwagen und Hundekäfigen vom Bahnhof abgeholt wird – also lieber würde ich mein Dasein weiter alleine im Kreise meiner Schweine fristen!

Dachte ich! Doch dann musste ich meine Meinung schlagartig revidieren: Eine wunderschöne blonde Fee schlenderte aufreizend über den Bildschirm! Doch es stellte sich sehr schnell heraus, dass es die Moderatorin war und man diese nicht erwerben konnte! In die sind übrigens alle männlichen Teilnehmer dieser Agrarbrautschau verliebt, doch da bleibt ihnen der Schnabel sauber, wie es so schön heißt.

Doch genug der Lästerei, betrachten wir den aktuellen Fall, den ich zu sehen bekam:

Der öde Ödbauer Ödipus von Öderöd dachte sich im Alter von 59 Jahren, dass nun langsam die Zeit komme, das Junggesellendasein zu beenden. Aus Gründen, die ich nachvollziehen kann, lagen seine Neigungen auf einer ca. 30-jährigen, schlanken und sportlichen Blondine, die sich im Melken von Kühen und Ausmisten von jahrzehntelang nicht gesäuberten Schweinepfuhlen auskennt und im Herbst gerne Äpfel entsaftet. Wie von mir vermutet, hatten die Macher der Sendung so etwas nicht im Angebot. Stattdessen schickten sie ihm die 61-jährige Frisöse Sabine aus Chemnitz, eine für ihr Alter nicht unattraktive Frau, allerdings nicht in das Beuteschema des öden Ödipus passend. Dieser war erkennbar grantig ob der verblühenden Braut, die man ihm unterjubeln wollte, und er ließ es Sabine, die nun wirklich nichts dafür konnte, spüren.

Kaum war sie auf dem Hof, drückte er ihr einen Melkschemel und einen Eimer in die Hand und wies sie unwirsch an, sofort zur Barbara zu gehen. Die sensible Sabine konnte natürlich nicht wissen, wer die Barbara ist, und fragte den ödemgeplagten Ödbauern freundlich: „Wer ist die Barbara bitteschön?"

„Meine Kuh, wer denn sonscht?", raunzte er sie an. „Die muscht melken und wennscht fertig bischt, dann mischstest gleich den Schweinestall aus, gell!" Dabei deutete er drohend auf die an der Schweinestalltür lehnende Mistgabel. Ich an Sabines Stelle hätte ihm den Eimer vor die gummistiefelbewehrten Füße geschmissen und hätte gesagt: „Du kannst mich kreuzweise, du ungehobelter Arsch! Melk dir deine Schweine doch selber, ich hau ab!"

Doch nicht so Sabine! In der Hoffnung, dass er am Abend, nach getaner Arbeit, seine romantische Ader zeigen und sie mit einem rosenblütenübersäten Schaumbad überraschen würde, ertrug sie geduldig die Pein des Tages. Auch als Barbara ihr mit dem mistgetränkten Schwanz die Schminke aus dem Gesicht wischte, zerdrückte die tapfere Sabine kaum eine Träne!

Jaja, sie sind schon Gold wert, die starken Frauen von Chemnitz! Das sage nicht ich, das sagte in einer kurzen Zusammenfassung die Moderatorin!

Zurück nach Öderöd:

Wie gesagt, Sabine hatte die ihr aufgetragenen Arbeiten erledigt und freute sich auf das duftende Schaumbad und eine Nacht im flauschigen Bett des ledigen und hocherregten Ödipus, der für sein Alter gar nicht mal so gut aussah.

Doch weit gefehlt! In der Stube, deren Boden aus groben, im wahrsten Sinne des Wortes ungehobelten Brettern bestand, stellte ihr Ödipus einen Eimer mit lauwarmem Wasser hin, drückte ihr ein Stück Kernseife in die Hand und herrschte sie an: „Da, wasch di! I geh einschtweilen raus, i muass des ned seha! Und schlaffa kannscht bei drr Muaddrr, weil drr Vatrr is gschtorba, dem sein Platz isch frei!" Und mit dieser Aussicht auf eine Nacht ohne jegliche Erotik ließ er sie in der ungeheizten Stube stehen!

Das war dann doch zu viel für Sabine! Sie wollte sofort weg, musste sich allerdings tatsächlich noch waschen, da sie mit dem Kuh- und Schweinegestank nicht in das Taxi des Senders steigen durfte, das draußen schon auf sie wartete. Wer dem Taxifahrer den entscheidenden Tipp gegeben hatte, dass das mit Sabine und Ödipus nichts wird, entzog sich meiner Kenntnis. Mir tat Sabine wirklich leid, und ich war auch ein wenig traurig, als sie schluchzend zurückfuhr ins schöne Sachsen!

Doch ein Gewinnspiel, das nun folgte, heiterte mich auf, weil ich die Lösung der komplizierten Frage auf Anhieb wusste. Die Frage lautete: Wer macht „mäh"?

a) der Elefant
b) das Schaf

Nachdem ich weiß, dass der Elefant „töröööö" macht, konnte es nach dem Ausschlussverfahren nur das Schaf sein!

Die landwirtschaftlichen Anbandelungsversuche wurden durch Werbung unterbrochen, und ich schaltete um.

Erst dachte ich, ich hätte einen ausländischen Sender erwischt, weil ich nichts verstand. Erst nach einiger Zeit und bei voller Konzentration merkte ich, dass die sogenannten Schauspieler eine Art deutsch sprachen. Die Sendung hieß „**Berlin-Tag und Nacht!**"

Eine Handlung war nicht erkennbar, auch wurde mir nicht klar, wer wer ist und in welchem Verhältnis die agierenden Personen zueinander standen.

Vier Akteure, die sich in einer Diele befanden, waren in wirren Kameraeinstellungen zu sehen: Zwei solariumgebräunte, muskelbepackte Männer, übersät mit Tätowierungen, und zwei noch gebräuntere Blondinen ohne Muskeln, aber mit noch mehr Tätowierungen. Die Damen hießen Jenny und Raissa, die Herren Miroslav und Bogdan. Es entwickelte sich folgende Unterhaltung, die ich kurz zitieren möchte. Ich habe überhaupt nicht verstanden, worum es ging, vielleicht kommen Sie, liebe Leser, darauf:

Miroslav:	*Zu Jenny:* Ey, ich versteh das voll! Voll versteh ich das! Also echt voll!
Raissa:	*Zornig:* Ey, du wieder! Ey, das is klar, wieder voll der Macho, ey! Ey, kannst du dich vielleicht mal in die Jenny reinversetzen? In die Psycho von der? Kannst du nicht, du Idi! Du bist so ein Idi, echt jetzt!
Bogdan:	*Geistesabwesend:* Ey, ich hau den voll in die Fresse, wenn der mir einmal dumm kommt! Ey, ich schwör, voll! *Hebt die rechte Hand symbolisch zum Schwur.*
Jenny:	*Weinend:* Ich versteh das nicht! Ich versteh das einfach nicht! Der Kevin hat gesagt, dass er mit ihr Schluss macht und dann das! Ich versteh das nicht! *Weint weiter und schüttelt verständnislos den Kopf.*
Raissa:	*Legt tröstend den Arm um Jenny:* Du, lass den Arsch! Ich habs mitbekommen, das war voll ätzend! Es war so gewesen: Kevin voll am Rummachen mit Nicole! Ich so: „Ey Kevin, wie jetzt?" Er so: „Was?" Ich so: „Und Jenny?" Er so: „Wie? Jenny?" Dann ich so: „Ey, mach hier nicht auf blöd und so!" Verstehst, wie ich mein?
Jenny:	Das is alles sooo krass, ey! *Schluchzend-zornig:* Der Kevin kann mich mal, der lost voll ab, der Zonk!
Miroslav:	Ey, tut den Kevin nicht so verurteilen und so! Ey fuck, habt ihr null Toleranz oder wie? War fette Party gestern, Kevin is voll in Ordnung so, roger and over!

Angesichts dieser undurchschaubaren Beziehungsprobleme sah ich nur eine Lösung: Sofort umschalten!

Doch ich kam vom Regen in die Traufe! Ich geriet unverschuldet in eine Sendung, die „**Hilf mir doch**" hieß!

Ein Elend sondergleichen! Gezeigt wurde von einer stets betroffen dreinblickenden Moderatorin das harte Dasein eines armen Ehepaares mit vier Kindern, darunter sogar ein gemeinsames! Obwohl sie zusammen nur vier Packungen Zigaretten täglich rauchten, obwohl sie bei sechs Bewohnern nur vier Fernseher im Haus hatten, und obwohl die Mutter nur einmal pro Woche zum Frisör ging und alle zwei Wochen zur Mani- und Pediküre: Es reichte hinten und vorne nicht!

Die Moderatorin, in Gelddingen erfahren, da sie neben einer Bank wohnhaft war, gab gutgemeinte Tipps, wie man die desolate Finanzlage verbessern könne, beispielsweise durch Kündigung eines von sechs Handyverträgen. Sie schlug vor, den der vierjährigen Soraya Scarlett zumindest so lange zu deaktivieren, bis diese in die Schule komme. Doch als Soraya Scarlett dies mitbekam, schrie sie aus Leibeskräften, und man musste ein frühkindliches Trauma befürchten. Die Moderatorin entschuldigte sich für ihren unüberlegten Vorschlag und meinte, man könne doch im Extremfall daran denken, einer bezahlten Beschäftigung nachzugehen.

Das anfängliche, von Raucherhusten durchsetzte Gelächter des Ehepaares über diese fürwahr dämliche Empfehlung wich schnell blanker Empörung. Wie sie sich das vorstelle, wurde sie gefragt – vier Kinder und auch noch arbeiten! Die Kinder benötigen 24 Stunden am Tag die zärtliche Zuwendung von (Stief-) vater und Mutter, damit sie gedeihen können. So gesehen seien Kinder mit jungen Pflänzchen vergleichbar! Ein beinahe schon philosophischer Ansatz, den ich den beiden anfänglich gar nicht zugetraut hatte. Wo denn die restlichen drei Kinder seien, fragte die Moderatorin naiv, da sie ja nur die sich langsam wieder beruhigende Soraya Scarlett sah.

Die Antwort verblüffte nicht nur mich, sondern erkennbar auch die Moderatorin: Zwei seien in der Arbeit, davon die Tochter Phoebe als Nebenerwerbsdessousmodel für Korpulente und der Sohn Cassius als lebende Werbetafel für ein China-Restaurant. Vom 15-jährigen Mike wüssten sie es nicht so genau. Man habe ihn schon seit zehn Tagen nicht mehr gesehen, meinte der Stiefvater. Dies brachte ihm einen leichten Tadel der Gattin ein: „12 Tage, du Arsch!", korrigierte sie ihn und checkte ihre SMSen.

Mir wurde es ehrlich gesagt zu viel und ich wechselte abermals den Sender. Hier ging es, was man selten sieht, ums Kochen – ein **Restaurant-Tester** war am Werk! Militärisch inspizierte er die Küche des zu prüfenden Objekts. Was ihm am meisten missfiel, waren die zahlreichen Kakerlaken auf dem Boden und Spinnen an der Decke. Aber auch das vorbereitete „Gulasch a la Chef" konnte ihn nicht begeistern. In einem verdreckten silbernen Kübel blubberte eine gelb-braune Brühe lustlos vor sich hin, man hatte den Eindruck, dass Därme oder ähnliches darin schwammen. Sie gehörten vermutlich zu einem mittelgroßen Schwein, das ausgeweidet auf einem Tisch daneben lag und fliegenbedeckt auf seinen Einsatz wartete.

Der Tester sagte, dass man so etwas den Gästen nicht vorsetzen könne und dass das Restaurant „Haiway Sixtisix" einer konzeptionellen Neuausrichtung bedürfe. Diese unverschämte Forderung stieß beim Inhaber, der im schweißtriefenden Feinripp-Unterhemd den Tester auf Schritt und Tritt verfolgte, auf wenig Gegenliebe. Ich brauche wohl nicht zu erwähnen, dass sich auf dem Unterhemd Speiseflecken verschiedenster Coleur befanden und dass sowohl Hände wie auch Gesicht des wackeren Wirtes behaart waren, wie man es sonst nur bei Bären findet.

Doch der Tester namens Bach oder Krach oder so ähnlich war, wie alle Menschen im Fernsehen, psychologisch geschult und konnte den renitenten Wirt davon überzeugen, dass es so nicht weiterginge, abgesehen von den 378.000 Euro Schulden bei monatlichen Ausgaben von 1200 Euro und Einnahmen von 700 Euro! So würden die Schulden nur langsam weniger!

Dem Wirt wurde ausreichend Zeit gegeben, sich die Sache zu überlegen und in aller Ruhe ein neues Konzept auszuarbeiten, nämlich eine Nacht.

Am nächsten Morgen blickte er ausgeschlafen, frisch gewaschen und rasiert, adrett gekleidet und vor allem voller Optimismus in die Kamera, bedankte sich überschwänglich beim gütig lächelnden Restaurant-Tester und versprach, ab sofort nur mehr frische Ware zu verarbeiten und Kakerlaken nebst Spinnen den Zutritt zu den Küchenräumen zu untersagen. Zweifelsohne war dies der Start in eine goldene kulinarische und finanzielle Zukunft!

Ich war beruhigt, dass es dem Privatfernsehen wieder einmal gelungen war, eine Existenz zu retten. Das Risiko der kompletten Verblödung aller anderen Existenzen, die sich die Sendung anschauen, muss man wohl oder übel in Kauf nehmen.

Ich hatte plötzlich ein unheimliches Verlangen, etwas Intellektuelles anzuschauen. Deshalb schaltete ich um auf „**Die Simpsons**".

Im Finanzamt

Der Steuerpflichtige Erich kommt zwecks Abgabe seiner Einkommensteuererklärung in das Finanzamt. Damit er die nötige Ruhe hat, um Notlügen glaubhaft an den Mann zu bringen, inhaliert er vor dem Eingang noch eine Zigarette. Ein offensichtlicher Leidensgenosse steht ebenfalls frierend davor und zieht nervös am Glimmstängel. Sofort solidarisiert sich Erich und bietet dem zitternden Kameraden seine Hilfe an.

Erich:	Servus! Muasst aa do eine, ha?
Mann:	Ja, leider!
Erich:	Owa oans is aa klar: Du machst einen Riesenfehler!
Mann:	Echt? Warum denn?
Erich:	Du derfst doch ned so hastig raucha! Da kennen de sofort, dass du nervös bist!
Mann:	Aa geh! Ehrlich?
Erich:	Natürlich! Du muasst dodal cool sei! Und unbedingt nach dera Zigrettn an Kaugummi essn!
Mann:	An Kaugummi?
Erich:	Ja freilich! De schmecken doch den Rauch! Und dann denkens: Der is nervös! Der hod graucht! Den zwiefelma bis aafs Bluat!
Mann:	Aso san de do drin?
Erich:	Natürlich! Bluathund san des! Kein Charakter, nur d'Leit schikaniern! Und de Nervösen, de machens dodal firte! Bis zur Existenzvernichtung! De san brutal!
Mann:	Ja Wahnsinn! Hamms an Kaugummi für mi?
Erich:	No klar! Bittschön! *Reicht ihm einen Kaugummi.* Du brauchst fei ned „sie" zu mir sogn! Wenns gega den Staat geht, dann samma alle per Du!
Mann:	Danke dir! Und du kennst di aus, oder?
Erich:	I bin a Profi! Mi erwischn de Hunzkrippln nicht! I bscheiß, dass da Rauch davoduat! I bscheiß, wo es geht!
Mann:	*Interessiert:* Ehrlich? Kannma de bscheißn? De san doch so grissn!
Erich:	Grissn! Des mog scho sei, dass de grissn san! Owa im Vergleich zu einem Profi, wia i oaner bin, sans glatte Deppen! Gega an Profi hamm de koa Chance ned, de Haumdaucher!

101

Mann:	*Bewundernd:* Stark! Mensch, kannst du mir als Profi vielleicht a paar Tipps gem, bevor dass i do einegeh?
Erich:	Klaro! Also, pass amal aaf: Wia du scho daherkimmst! Du bist dodal falsch anzogn!
Mann:	Ja wieso denn? I hob doch a scheens Gwanda an! I schau doch gepflegt aus!
Erich:	Ja eben! An Sakko und a Krawattn! Unmöglich is des! Du schaust ja aus wia a Millionär! Hä, wenn du zum Finanzamt gehst, dann muasst du arm daherkema, ned gepflegt! Schau mi o, i bin angemessen gekleidet, wiama so schee sagt: A alte Manchesterhosn, an altn Wollpullover, der wos juckt und stinkt wia d'Sau und a Zipflhaum, do wo da Zipfel abgrissn is! So gehtma ins Finanzamt! Ned im Sakko!
Mann:	Aa geh!
Erich:	Natürlich! Und no wos: Wieso glänzen denn deine Schuah aso?
Mann:	Meine Schuah? Ja, weiles putzt hob!
Erich:	Spinnst du? Erstens derfst du koane Lederschuah oziagn, sondern Gummistiefel! Und zwoatens derfa de ned sauber sei, sondern de miassn dreckig sei! Schau her, mei rechter Gummistiefl hod a Loch, da linke zwoa! Stark, ha?
Mann:	Stark! Und des hilft?
Erich:	Des hilft! Owa du in deiner Nobeltracht host vo Haus aus koa Chance ned! Und ausschaun duast aa z'gsund! Viel zu gsund! Wia des blühende Leben!
Mann:	Ja wos? Wia zu gsund?
Erich:	Dodal zu gsund! I persönlich, i sauf allaweil zwoa Dog durch, bevor dass i aafs Finanzamt geh! Und rasiern dua i mi aa ned! Du bist ja frisch rasiert, dei Gsicht glänzt wia a Kinderarsch! Schau mi o! Schau i ned krank aus, dodal krank?
Mann:	Dodal! Sterbenskrank! Also nix für unguat, owa du bist ja ganz gelb im Gsicht!
Erich:	*Stolz:* Genau! Des is d'Leber! Wos glaubst, wia i denen leid dua, wenns des Elend seng! *Vertraulich:* Hä, und gestern hob i no a Pfund Knoblauch gessn!
Mann:	Knoblauch? A Pfund? Dass du gsund bleibst oder wos?

Erich:	Achwo! Dass is stink wia a Iltis! Weil dann fragens ned so viel, weil wenn i antwort und mei Maul aafmach, dann miassns d'Luft anhaltn, weil i dermaßen stink, dass eahna schlecht wird! De hebts direkt!
Mann:	*Anerkennend:* Wahnsinn! Du bist echt a grissner Hund! Und a gschlamperts Gwanda und a kranks Gsicht, des waars dann? Des langt, dassmas bscheißn konn?
Erich:	Des langt natürlich no ned! Owa des is die Grundvoraussetzung, dass du überhaupt a Chance host bei de Sauhund'! So richtig bscheißn konnst erst mit de Belege!
Mann:	Belege? Wia des?
Erich:	*Holt aus seinen Unterlagen einen Zettel heraus und hält ihn seinem Gegenüber vor das Gesicht.* Wos is des?
Mann:	A Quittung is des! A Quittung über an Arbeitsanzug für 250 Euro!
Erich:	*Ironisch:* Ach was, a Quittung is des? Über an Arbeitsanzug? Und wia kimmst aaf des?
Mann:	Ja, weils draufsteht! „1 Arbeitsanzug – 250 Euro" steht do drauf!
Erich:	Aha! Und wer glaubst, wer des do draufgschriem hod?
Mann:	Ja, der Verkäufer oder de Verkäuferin im Textilgschäft!
Erich:	Einen Dreg hod de do drauf gschriem! Do hod sich mei Alte a Abendkleid kafft für 250 Euro. Und i hob zur Verkäuferin gsagt, i brauch a Quittung über 250 Euro, owa ohne Abendkleid, blanko! Und dahoam hob i dann „Arbeitsanzug" ergänzt! Hä, i bin doch ned bläd! I bin a Profi, a eiskalter Profi bin i! Anders host du bei de Dreghammln keine Chance ned!
Mann:	*Anerkennend:* Wow! Also vo dir konnma echt no wos lerna! Du kennst alle Tricks!
Erich:	Das kannst du laut sagen, mein Freund! Und jetza pass aaf, es geht no weida! I hob letzts Jahr fünf Häuser schwarz owagwei ßt! Also weiß owagweißt, owa schwarz! Barzahlung, keine Quittung, cash auf die Kralle, verstehst? Des warn summa summusorum an de 5000 Euronen! So, und jetza blicke bitte mal aaf mei Steuererklärung! Les einmal vor, wos do bei „sonstige Einkünfte aus selbständiger Tätigkeit" steht, les!

Mann:	Null!
Erich:	Genau, mein Freund, null komma null, nix niente! Des is mei Geld, i bin a Profi! Des geht den Staat und seine grausamen Geldeintreiber einen Scheißdreck o! Keinen Cent kriagn de vo mir, de Hammln!
Mann:	Also, du bist fei scho a ganz a durchdraada Hund! Des wos du dir traust, des daad i mir nie traun! I zahl meine Steuern allaweil ganz normal, so wiasase ghört! I bin do eher vorsichtig!
Erich:	Eam schau o! Vorsichtig is er! Bläd bist! Du bist oaner vo de letztn Deppen aaf dera Welt! Wia konnma bloß dem Staat so viel Geld schenka! De Beamten, woaßt, wos de macha? De hockan aaf ihran drumm Arsch, schaun Löcher in d'Luft, hocken in da Kantine und lassen den Herrgott an guadn Mo sei! Und quälen uns anständige Menschen bis aafs Bluat und hamm z'viel Gehalt! Aso schauts aus, mein Freund! Aso und ned anders!
Mann:	Ehrlich? So schauts aus?
Erich:	Worauf du einen lassen kannst!
Mann:	Brutal! Du, i geh jetza eine, mir wird's zu kalt do herausn!
Erich:	I aa, und mitm Raucha bini aa fertig! Jetza no an Kaugummi und dann muass i auffe aaf Zimmer 32!
Mann:	Oh, des passt, do geh i glei mit!
Erich:	Muasst aa aaf Zimmer 32?
Mann:	No freilich, des is ja mei Büro, i bin für di zuständig! I hob bloß a Zigrettnpause gmacht! Jetza hock i mi mit mein drumm Gehalt aaf mein drumm Arsch und schauma in aller Ruhe dei Steuererklärung o! Owa scho a bissl genauer, weil du bist ja a Profi!

Viele Eltern sind (meist zurecht) stolz auf ihr Kind. Leider sind die ignoran-
ten Mitmenschen an den sagenhaften Fähigkeiten der Sprösslinge nicht so
interessiert wie die Eltern. Da muss man halt dann ein bisschen nachhelfen
und von den Fortschritten des Nachwuchses erzählen, auch wenn man nicht
ausdrücklich danach gefragt wird.

A gscheits Kind

Meier:	Ja griaß Gott, Frau Huber!
Huber:	*In Eile:* Ah, Frau Meier, jetzt habi Sie gar ned gseng! Griaß Gott!
Meier:	Und wia geht's allaweil aso?
Huber:	Mei, muass geh! Also, i muass dann wieder weida!
Meier:	Schauns her, des is unser Sepperl! *Deutet liebevoll auf den nasenbohrenden Sohn an ihrer Hand.*
Huber:	Ja do schau her, da Sepperl! Griaßde nacha, Sepperl!
Kind:	*Bohrt stumm weiter.*
Huber:	Also nacha ... *Will gehen.*
Meier:	Jetza bini scho 29 Jahr, man möchts ned glaum, wia de Zeit vergeht! Letzts Jahr war i no 28!
Huber:	29? Wahnsinn! Jamei, man wird ned jünger! I bin scho 32! So, jetza muass i owa ...
Meier:	Wissns, wia alt unser Sepperl jetza scho is?
Huber:	Naa, des woaß i ned.
Meier:	Sepperl, sag amal schee, wia alt du scho bist!
Kind:	*Verschweigt sein Alter und bohrt weiter.*
Meier:	Drei is er scho! Gell Sepperl, drei Jahre bist du scho! *Zeigt mit ihren Fingern die Zahl 3, was Sepperl ignoriert.*
Huber:	Sagta nix, ha?
Meier:	Mei, unser Sepperl! Wenn er ned mag, dann mag er ned! Er hod ja für sei Alter scho einen so einen Willen! Wenn er ned mag, dann mag er ned! Gell Sepperl, wennst ned magst, dann magst ned!
Kind:	*Mag auch jetzt nicht, schweigt beharrlich und tritt nach einem vorbeigehenden Hund. Wegen seiner kurzen Beine entsteht aber kein Körperkontakt zu dem Tier.*

Huber:	Hod er den Hund ned troffa! A netter Bua! Also nacha, Frau Meier, i muass no zum ...
Meier:	Unser Sepperl is ja so ein gscheits Kind! Ausgesprochen intelligent!
Huber:	Ah geh! Er schaut gar ned aso aus auf den ersten Blick!
Meier:	Omei, Frau Huber, i sogs Eahna! Er is dermaßen gscheit, mir samma manchmal direkt baff!
Huber:	Ja gibt's des aa!
Meier:	Wennes Eahna sog! Zum Beispiel gestern beim Mittagessen, unglaublich! Leberknödlsuppn hods gem. Packt er sein Leberknödl und wirftna ins Eck hintere, zack! Des hätten Sie seng solln, wia der Leberknödl ins Eck gflogn is! Wie ein Geschoss!
Huber:	A geh! So gscheit is der? Ja, und warum hod er des gmacht?
Meier:	Weil er mit drei Jahr scho genau woaß, wos er will! An Leberknödl zum Beispiel will er ned! Und drum wirft er den ins Eck hintere, zack! Da Kinderpsychologe sagt, des is a schlüssige Handlung. Aso a schlüssige Handlung, de macht a Kind normal erst mit fünf, manche erst mit sechs Jahrn. Owa unser Sepperl scho mit drei! Er macht uns so viel Freid, unser Sepperl! *Tätschelt den klugen Knaben zärtlich am Kopf, was diesem augenscheinlich nicht passt, da er eine angewiderte Grimasse schneidet, die sein ohnehin grobes Antlitz fratzenhaft erscheinen lässt.*
Huber:	*Anerkennend zum Knaben:* So oaner bist du, Sepperl? Ha?
Kind:	*Streckt Huber als Dank für die lobenden Worte die Zunge heraus.*
Meier:	*Stolz:* Schaunsna no grad o, wia er sich freit!
Huber:	Jaja, de Kinder! Is er scho sauber? Scho, oder? Mit drei sans ja scho sauber!
Meier:	Ned direkt! Owa er äußert sich sofort, wenn er groß gmacht hod! Wenn d'Windel voll is, dann sagt er: „Heppi Ba din!" I kannt aso lacha mit eam, wenn er mit große Augen dosteht, stinkt, und sagt: „Heppi Ba din"! Es is immer wieder schee.
Huber:	Glauben möchstas ned! Äh, und wos bedeit nacha des „Heppi Ba din"?

Meier:	Des hoaßt, da Seppi hod an Batzn drin! In da Windel, verstengas? Kaam hod er wos in da Windel drin, dann sagta uns des. Dann wissma ganz genau: Jetza hod er wos drin, wos größers! Er macht uns scho sehr viel Freid, unser Sepperl!
Huber:	*Skeptisch:* Toll! Owa war's ned gscheida, er daads vorher song, bevor er an Batzn drin hod?
Meier:	Jamei, man derf ned zu viel verlanga von so an Kind. Andere Kinder zum Beispiel, de song gar nix, unser Sepperl sagts wenigstens nachher. Im Prinzip geht's ja bloß um a Minutn oder zwoa. Des wird er bei seiner Intelligenz bald herausn haben, dassma des theoretisch aa vorher song kannt! Des dauert nimmer lang!
Huber:	Bestimmt! Apropos lang: I solltert scho lang weg sei, i hob an Termin beim ...
Meier:	Mir miassma oft dermaßen lacha mit eam!
Huber:	Lacha?
Meier:	Ja! Wenn er den Opa segt, dann sagt er sofort „Opa Hehner!"
Huber:	Ja gibt's des aa! Hod ebba da Opa a Geflügel?
Meier:	Naa, da Opa hod koane Tiere ned!
Huber:	Oder mog da Sepperl a Hehnersuppn recht gern?
Meier:	Naa, er mog Bargeld recht gern! „Opa Hehner", des bedeit „Opa, an Zehner!" Da Sepperl konn bloß 's Z no ned song. Mir miassma allaweil so viel lacha mit eam. Kaam segt er den Opa, will er scho an Zehner. Da Opa fürchtna scho direkt, unsern Sepperl, weil er hod ja bloß a kloane Rente. Owa des is unserm Sepperl wurscht. „Opa Hehner", do is er eiskalt. Und des mit drei Jahrn! Der wird's amal weit bringa, finanziell!
Huber:	Mei liawa, des is oana, da Sepperl!
Meier:	Amal war da Opa knapp bei Kasse und hod eam bloß an Fünfer gem. Sie, des hättens seng solln: Da Sepperl hod den Fünfer packt und ins Eck hintere gschmissn und gschrian wie am Spieß: „Opa Hehner, Opa Hehner!" Da Opa hod direkt Angst kriagt und hod eam sofort an Zehner gem!
Huber:	Aso a Lauser!

Meier:	Er hod a Gspür für Geld, und des mit drei! Mir daadma eam gern a Lehre als Bankkaufmann macha lassn. Mir hamm scho gfragt bei unserer Hausbank, owa de stelln soweit im Voraus ned ei. De Lehrstelle waar ja praktisch erst in vierzehn Jahrn aktuell. Und wenn da Sepperl Abitur macht, und do deutet alles draaf hi, dann erst in sechzehn Jahrn. Des is einfach zu langfristig.
Huber:	Scho, owa man muass sich scho früh drum kümmern!
Meier:	Des stimmt, Frau Huber, des stimmt! Überhaupt bei unserm Sepperl, wo er aso ein Gspür hod für Geld. Sagt er ned gestern in da Bank aafamal „Dipo Redit"! Einfach aso, ohne Vorwarnung! I hob mir denkt, des derf doch ned wahr sei! Sagt des Kind mittndrin „Dipo Redit"! So mirnix dirnix. Gell, Sepperl?
Kind:	*Geistesabwesend murmelnd:* Dipo Redit!
Meier:	Jetza hammses selber ghört! Der Mo am Bankschalter hod groß und kloa gschaut, so baff war der. Wer rechnet denn damit, dass a Kind aafamal „Dipo Redit" sagt? Do rechnet doch kein Mensch damit!
Huber:	Glauben möchstas ned! „Dipo Redit"! Sie, jetza muass i scho dumm fragen: Wos bedeit nacha des?
Meier:	Dispositionskredit! Des hod er amal ghört, wia mir unser Konto überzogn hamm wega dem neia Auto. Und scho hod ers intus ghabt. So ein schwaars Wort! Owa er is einfach unheimlich intelligent, unser Sepperl, besonders im Kreditwesen! Manchmal muass i mi direkt wundern. Segt er ned neulich unser Nachbarin und sagt zu ihr „mäh"! De hod des natürlich ned begriffa, wos des bedeit, und hod aa „mäh" zu eam gsagt.
Huber:	Hahaha! Mäh! So eine Gaudi! Wos bedeit nacha des „mäh"?
Meier:	Des is ganz einfach: Unlängst hamma uns mei Mo und i über d'Nachbarin unterhaltn, wiama halt aso red. Sie hod ja koan Mo ned, unser Nachbarin, obwohl dass sie scho 45 Jahr olt is.
Huber:	Jamei, sowos kimmt vor!
Meier:	Aaf jeden Fall hod mei Mo gsagt: „De bläde Goaß kriagt eh koan mehr!" Des hod da Sepperl ghört und jetza moant

er natürlich, dass de Frau a Goaß is. Und drum schreit er „mäh", wenn er sie segt. Des is logisch, a schlüssige Handlung quasi, wia da Kinderpsychologe sagt.

Huber: Wahnsinn! Hodse der des gmerkt, dass sei Voda Goaß zur Nachbarin gsagt hod? Wahnsinn!

Meier: Gell, des song Sie aa! So gscheit is unser Sepperl! Und d'Nachbarin hod des natürlich ned gwisst und hod mords eine Freid ghabt mit unserm Sepperl und hod aa „mäh" gsagt. Direkt lustig, gell?

Huber: Do könnts wirklich stolz sei aaf des Kind! Ha, Sepperl? Du bist vielleicht ein Schlawiner! So ein gscheits Kind! Owa jetza muass i wirklich geh, Frau Meier! Also nacha, pfiat Gott!

Meier: Wiederschaun, Frau Huber!

Huber: Pfiati Sepperl!

Kind: Muh!

Huber: *Argwöhnisch:* Warum sagt er jetza „muh" zu mir?

Meier: *Hastig und verlegen:* Äh, i hob ja an dringenden Zahnarzttermin, i muass weida! Also, wiederschaun! Entfernt sich *mit hochrotem Kopf, den laut muhenden und auf Frau Huber deutenden Sepperl hinter sich herziehend.*

Es ist gut und richtig, wenn man Kinder zur Vorsicht erzieht. Bei uns daheim heißt eine eiserne Regel: Mach keinem Fremden auf und nimm von einem Fremden nichts an! Und zwar unter keinen Umständen! Das ist fast noch wichtiger als die andere, in erster Linie für mich geltende, eiserne Regel: Setz dich beim Bieseln verdammt nochmal hin! Aber zurück zur Vorsicht der Kinder: Mit dieser zwar vernünftigen, aber auch ziemlich radikalen Verfahrensweise können manche rechtschaffene Menschen, die nichts Böses im Schilde führen, Probleme bis hin zum Nervenzusammenbruch bekommen, zum Beispiel

Der Mann vom Paketdienst

Mann: *Nachdem er dreimal vergeblich geläutet hat:* Wieder nix! Mensch Meier, kein Mensch dahoam! Do bstellns drümmer Packerln, dann sans ned dahoam! Wos soll i jetza macha mit dera blädn Schachtel? Bei de Nachbarn abgebn mit dem bösen Hund? Hm …, oamal leit i no, nacha fahr i wieder! Zu dem Hundsviech geh i ned ume! *Läutet erneut.*

Ein kleines Mädchen mit ca. fünf Jahren öffnet im ersten Stock ein Fenster und schaut ängstlich-missmutig auf den ebenfalls missmutigen Paketausfahrer hinunter.

Mann: *Erleichtert:* Aaah! Na gottseidank is ebba da! *Überfreundlich:* Hallo Kind! Is dei Mama da?
Kind: Nein, de is in der Stadt und kauft ein.
Mann: Aha! Und da Papa? Is da Papa da?
Kind: Was für einer?
Mann: Was für einer? Host du mehra Papa?
Kind: Ja! Einer wohnt bei uns und da andere zahlt für uns!
Mann: Ja da schau her! Dei Mama is a schlaue Frau!
Kind: Warum?
Mann: Aso halt, des verstehst du ned! Geh zua, kimm amal runter zu mir, i hob a Packerl für die Mama!
Kind: Nein!
Mann: Wos nein?

Kind:	I komm ned runter! I darf fremde Männer die Haustüre ned aufmachen, wenn i alleine daheim bin! Des hod mir mei Mama gsagt und mei Papa und da andere Papa aa! Alle hamm des gsagt!
Mann:	Do hamms grundsätzlich recht, deine drei Eltern. Owa i bin ja in dem Sinn koa fremder Mann.
Kind:	Ha?
Mann:	Ich bin kein fremder Mann! I bin bloß a Packerlausfahrer. I bring a Packerl für die Mama und brauch a Unterschrift und dann tu ich wieder fahren!
Kind:	Du bist a Räuber!
Mann:	*Schon leicht genervt:* A Räuber? I bin doch koa Räuber! *Lacht zynisch.* A Räuber! A Räuber hod doch eine Maske auf? Hob i vielleicht a Maske auf?
Kind:	Ja, a ganz a greisliche!
Mann:	*Empört:* I glaub, du spinnst! Reiß di bloß zamm! Des is mei Gsicht, koa greisliche Maske! I glaub, di hamma nimmer lang! So ein Lausdeandl! Greisliche Maske! Wahnsinn! *Schüttelt betroffen den Kopf.*
Kind:	*Weinerlich:* Du bist ganz fest böse! Du bist a Räuber und ganz fest böse! Geh weg!
Mann:	*Beschwichtigend:* Jetza reg di halt ned glei aso aaf! I bin ned böse, i bin ganz brav, ehrlich! I tu bloß Packerln ausfahren, sunst nix! Und heit hob i oans für dei Mama. Kimm herunter, dann kriegst des Packerl und zack, bin i scho wieder fort! Schau, da steht mei Auto, mit dem fahr i glei wieder fort!
Kind:	*Ängstlich:* Und dann nimmst mi mit!
Mann:	Spinnst du? I nimm di doch ned mit! Aso a Quälgeist wie du, der gang mir no ab! Niemals daadert i di mitnehma!
Kind:	Du magst mi ned!
Mann:	*Beschwichtigend:* Doch doch, i mag di scho! I mag di ganz gern!
Kind:	Und drum willst mi mitnehmen!
Mann:	*Genervter:* Ja kreizbirnbaamhollerstaudn, i nimm di doch ned mit! Kapier des endlich amal! I mag di, owa i nimm di ned mit! Du, wart, i hab a Idee, pass aaf: Du musst mir die Türe gar ned aufmachen! Du musst nur herunterkom-

men und das heruntrige Fenster aufmachen. Dann tu ich
dir das Packerl zum Fenster hineingeben, du tust es neh-
men und unterschreiben und schwuppdiwupp bin i weg!
Aso machmas, ha?

Kind: Ha?

Mann: Du tust unterschreiben! Kannst du scho schreiben?

Kind: Ja!

Mann: Super!

Kind: Hund!

Mann: Hund? Wo is a Hund? *Blickt sich nervös um.*

Kind: Hund kann i scho schreiben!

Mann: Hund? Sunst nix?

Kind: Bloß Hund!

Mann: Des is schlecht! Hund is a Schmarrn! Und dein Namen?
Wie heißt denn du?

Kind: Jacqueline Hintermeier!

Mann: *Abfällig:* Aso schaust aus!

Kind: Ha?

Mann: Ein schöner Name! *Zynisch, leise:* Dann heiratst amal den
Herrn Obermeier, dann hostas gschafft, dann bist vo
hintn nach oben kema!

Kind: Was?

Mann: Nix! Kapierst eh ned! *Nach kurzem Überlegen, genervt:*
Woaßt wos? Du brauchst ned unterschreiben! Du kimmst
herunter, machst des Fenster auf, i tu dir des Packerl geben
und das wars! Obermeier schreib dann ich aaf de Emp-
fangsbestätigung drauf!

Kind: *Misstrauisch:* Obermeier?

Mann: Hintermeier! I bin selber scho ganz bläd mit dera Disku-
tiererei! *Immer gereizter:* Jetza kimm endlich owa, zefix,
dass i dir des Packerl geben konn! Dann hod dei Muada
ihra Glump, wos sie bstellt hod, und da Kaas is gessn!

Kind: Wer hat an Käse bestellt?

Mann: *Hysterisch:* Ja kruzifünferl, koa alte Sau hod an Käse bstellt!
Du bringst ja alles durcheinander, bist du so bläd oder du-
ast bloß aso? Kimm herunter und nimm des Packerl, sunst
werd i no narrisch!

Kind: *Bockig:* Nein!

Mann:	*Schon fast verzweifelt:* Nein? Warum nein? Wos hob denn i bloß verbrocha, dass i mit dermaßen verbohrte Kinder gstraft werd? *Flehend:* Jacqueline, warum kimmst denn ned owa? I tu dir doch nix!
Kind:	*Neunmalklug:* Mei Mama sagt, i darf vo fremde Männer kein Geschenk nicht nehmen!
Mann:	Ja, glaubst denn du, dass des a Gschenk is? Des is doch koa Gschenk ned! Des kost an Haufa Geld!
Kind:	I hob scho soooviel Geld in da Sparbüchse: *Zeigt mit den Fingern die Zahl Fünf.*
Mann:	Super! Tu schön sparen, dann passt des! Owa zerst tust herunterkommen, weil des is kein Geschenk! Da tut ein Überweisungsträger drinsein im Packerl, dann muss die Mama ein Geld überweisen! Das ist kein Geschenk nicht! *Schüttelt zur Bekräftigung seiner Aussage heftig den Kopf.*
Kind:	Ha?
Mann:	*Wieder vom Bitt- in den Drohmodus schaltend:* Frag ned so bläd und kimm owa jetza, sunst drah i durch!
Kind:	Du bist böse!
Mann:	*Mit unterdrückter Wut und Mordlust:* Noch nicht, owa lang dauerts nimmer! Wenn des bei jedem Packerl so ein Gfetz waar, dann kanntma zuasperrn! *Hält flehend und mit wirrem Blick das Paket nach oben.* Bittebittebitte, kimm owa und nimms mir ab! I konns ja ned einfach vor d'Haustür stelln, weils rengt! Danach is wos Wertvolls drin und wird nass, dann bin i dran! BITTE!
Kind:	Do is a Bombe drin!
Mann:	*Völlig schockiert:* Wos? A Bombe? Ja sag amal, host du an Vogel? Wieso soll denn do a Bombe drin sei? Dei Muada hod doch koa Bombe ned bstellt! Wos seids denn ihr für Kinder heitzutags? Habts ihr bloß Räuber und Bomben im Schädl? Bloß „bumm" und „peng" und „krawumm"? I bin a ganz a einfacher Packerlausfahrer und koa Terrorist! Jetza glangts mir dann nacha! Seit zehn Minuten steh i jetza do wie ein Idiot und schrei mit mein Packerl auf des Fenster auffe! Und do sollst koan Burnout kriagn!
Kind:	Ha? Wos?

Mann:	Nix ha, nix wos! *Mit irrem Grinsen:* Woaßt wos? Weißt du was? Jetza is scho wurscht! Jetza is scho alles wurscht! Jetza mach i des Packerl auf! Jaahaaa, jetza machma des Packerl auf, bloß dass du segst, dass do koa Bombe ned drin is! *Beginnt das Paket zu öffnen, das Kind schaut in banger Erwartung einer Bombenexplosion ängstlich herunter.*
Kind:	Bitte ned aufmachen! Sonst san alle tot! D'Klara aa!
Mann:	*Hält inne:* D'Klara? Wer is des? Dann soll halt de außakema und des Packerl in Empfang nehma!
Kind:	D'Klara is unser Goldfisch!
Mann:	Achso! *Öffnet weiter das Paket und grummelt vor sich hin:* Alle san tot, d'Klara aa! So ein Wahnsinn! So ein brutaler Wahnsinn! Und allaweil passiert mir so ein Schmarrn! Gestern a schwerhörige Rentnerin und heit des bläde Kind! Allaweil bin i da Depp! *Zieht aus dem offenen Paket einen roten Damen-String-Tanga und weitere hocherotische Dessous.* Öha! Do kanntma fast Bombe song dazua! *Schnalzt anerkennend mit der Zunge.*
Kind:	*Vorwurfsvoll:* Des ghört meiner Mama!
Mann:	Dass des ned dein Papa ghört, des is mir scho klar! Mein lieber Herr Gesangsverein! *Lüstern:* Äh, wie alt is denn die Mama?
Kind:	Schon gaaanz alt! Schon bald so viel Jahre: *Zeigt mit den Händen die Zahl 30.*
Mann:	Des is scho verdammt alt! Owa des ideale Alter für so a Gwand!
Kind:	Ha?
Mann:	Ach nix! *Wieder versöhnt und fast liebevoll:* So, jetza hostas gesehen: Keine Bombe nicht! Jetza tun wir des Packerl wieder schön zumachen, dann kommst herunter und tust es nehmen und dann tu ich wieder fortfahren, weiiiit fort!
Kind:	Aber du hast a Pistole!
Mann:	*Wieder verzweifelt:* A Pistole? Ja um Himmels Willen, warum soll denn i a Pistole haben?
Kind:	Weil a Räuber hat immer a Pistole!
Mann:	Ja bluadiger Hühnerdarm, des gibt's doch ned! Wos bist denn du für a gstörts Kind? I bin koa Räuber, i hob koa

114

	Pistole, do is koa Bombe drin und nix! Des derf doch alles nimmer wahr sei! Wo soll denn i a Pistole haben?
Kind:	In deiner Jacke!
Mann:	A Dreg is in meiner Jacke! Do, schaus dir selber o! *Zieht hastig seine Jacke aus.* Also, koa Pistole! I hobs ja glei gsagt!
Kind:	Und im Hemd?
Mann:	*Immer wirrer, das Kind nachäffend:* Und im Hemd? Und im Hemd? Im Hemd hob i aa koa Pistoln! Will die Frau Schackeline an Beweis? Bitteschön, bitteschön! *Zieht das Hemd aus und steht mit nacktem Oberkörper vor der Haustüre.*
Kind:	*Gnadenlos:* Und in der Hose?
Mann:	*Dem Nervenzusammenbruch sehr nahe:* In der Hose? Na, dann schauma einmal, ob in der Hose eine Pistole ist! *Macht wirr grinsend seinen Gürtel auf und beginnt, aufmerksam beobachtet vom Kind, die Hose herunterzuziehen. Als seine Hose etwa in Kniehöhe ist, kommt die Mutter des Kindes vom Einkaufen zurück. Sie sieht und missinterpretiert die makabre Szene.*
Frau:	*Aggressiv:* San Sie wahnsinnig? Ziehen Sie sich an, aber sofort! Sie perverser Saubär Sie! Sich vor einem fünfjährigen Kind auszuziehn!
Mann:	*Völlig perplex, sich zögernd die Hose hochziehend:* Es is ned aso, wias ausschaut! I wollt ...
Frau:	*Unterbricht ihn:* Jacqueline, geh in dei Zimmer und mach des Fenster zu!
Kind:	Aber i mag zuschauen! Der Mann is lustig!
Frau:	Der is ned lustig, der is böse! Was hat der Mann mit dir gemacht?
Kind:	Er hat gsagt, i soll herunterkommen und mit ihm an Käse essen!
Frau:	*Verwirrt:* An Käse essen? Was san denn Sie für ein Irrer?
Mann:	*Hat sich inzwischen wieder vollständig angezogen.* I hob doch ned gsagt, sie soll mit mir an Käse essen! I hob gsagt, sie soll owakema, des Packerl nehma und da Kaas is gessn! Des hob i gsagt! Jacqueline, du Rindviech!
Kind:	*Amüsiert:* Selber Rinderviech!

Frau:	*Empört:* Beleidigen Sie mein Kind nicht! Und bringen Sie ihm keinen solchen proletenhaften Wortschatz bei! Und sonst war nichts, Jacqueline?
Kind:	Nein! *Nach kurzem Zögern:* Doch! Wir haben uns noch deine rote Unterhose angesehen. Der Mann hat sie aus dem Paket genommen und mir gezeigt. Die ist so klitzeklitzeklein. *Zeigt mittels Zeige- und Mittelfinger etwas Winziges an.* Viel kleiner wie meine!
Frau:	*Außer sich:* Sie Schwein! Was unterstehen Sie sich!
Mann:	I hobs owa wieder eipackt. Gell, Schackeline, ich habe die klitzekleine Unterhose von deiner Mama wieder in die Schachtel hineingetan! Gell?
Kind:	Das stimmt, Mama! Er hat sich gefreut, weil sie so schön ist und hat sie wieder hineingetan! Und er hat gesagt, dass du schon ganz alt bist, aber für die Unterhose passt es schon!
Frau:	*Immer empörter und schockierter:* Dreckschwein! Geben Sie mir das Paket und verschwinden Sie, bevor ich die Polizei hole!
Mann:	Äh, a Unterschrift daadert i no braucha!
Frau:	*Unterschreibt.* So, da hamms Eahna Unterschrift, und jetza her mit dem Paket und schauns bloß, dass Sie weidakema!
Mann:	Gibt ihr zitternd das Paket. B..b..b..bittschön! Und viel Spaß damit!
Frau:	Hauns bloß ab!

Mann fährt weg und beschließt noch im Auto, seinen Beruf zu wechseln.

8 Kurzdialoge von Kare und Sepp

Kare:	I hobma jetza a Drohne kafft! 1200 Euro!
Sepp:	So deier san de? I hob fei gar ned gwisst, dass du a Imker bist!

Kare:	I nimm jetza pro Tag bloß no 800 Kalorien zu mir!
Sepp:	Wahnsinn! Wia lang denn scho?
Kare:	Scho vier Wocha!
Sepp:	Brutal! Wia haltst denn des aus?
Kare:	Weil i pro Nacht 2000 Kalorien zu mir nimm!

Kare:	I honma jetza a Wahnsinnsgerät kafft! In zwoa Sekunden vo Null aaf 120!
Sepp:	Motorradl oder Auto?
Kare:	Personenwaage!

Kare:	De Jugend vo heit hod einfach keinen Anstand!
Sepp:	Scho klar, owa wie kimmst jetza aaf des?
Kare:	Wega gestern, im Theater.
Sepp:	Gestern, im Theater?
Kare:	Ja, gestern! Hockt aso a junger Bursch drin, direkt hinter mir – i war in da ersten Reih – und safft a Cola! Mitten in da Vorstellung
Sepp:	Aso a Hunzkrippl!
Kare:	Genau! I war dermaßen gschockt, dass mir d'Zigrettn owegfalln is!

Kare:	Mei Sohn spielt jetza Fußball in da D-Jugend!
Sepp:	Hut ab!
Kare:	Ja, und gestern hod er 's erste Mal an Hattrick gschafft! Drei Tore in einer Halbzeit!
Sepp:	Sauber, weiter so! Wia hamms denn gspielt?
Kare:	0:3 verlorn!

Kare:	Mei Doktor hod gsagt, Schweinshaxen san guat für d'Gicht!
Sepp:	Ehrlich? Schweinshaxn guat für d'Gicht?
Kare:	Ganz guat sogar! Gega d'Gicht sans allerdings ned so guat!

Kare:	Du, hostas scho ghört? Dem alten Wanninger sei Beerdigung is jetza ned am Donnerstag, sondern erst am Samstag!
Sepp:	A geh! Gehts eam ebba wieder besser?

Kare:	Glaubstas, de Großstadt verdirbt die Kinder total! Jetza studiert mei Tochter erst drei Monat in München und scho is veganisch!
Sepp:	Macha kannst nix! Unser Bua is in Regensburg, owa gottseidank no katholisch!

Es heißt ja, die Menschheit hat sich in den letzten hundert Jahren technisch weiter entwickelt als in den zwei Millionen Jahren zuvor. Das stimmt mit Sicherheit, und ob das ein Fluch oder ein Segen ist, wird sich herausstellen. Insbesondere unter dem Gesichtspunkt, dass auf dem Sektor der Moral die Entwicklung eher rückwärts geht. Aber bleiben wir bei der Technik: Schwierig ist dieser rasante Fortschritt auf dem Gebiet der Technik, insbesondere der Telekommunikation für manche ältere Menschen. Die neue digitale Welt mit vielen, bisher völlig unbekannten Begriffen, oft aus dem englischen Wortschatz, ist für sie bisweilen das, was wir „böhmische Dörfer" nennen. Die heutige Jugend indes, selbst die jüngere Jugend im vorpubertären Alter, ist mit diesen Begriffen absolut vertraut. Und so kommt es immer wieder zum sprachlichen

Generationenkonflikt

Oma: No Anderl, wos treibst denn allerweil?

Enkel: Stell dir vor, Oma: Seit vorgestern hob i a Flatrate!

Oma: Ja um Gottes Willen! Bist scho beim Doktor gwen?

Enkel: Warum beim Doktor?

Oma: Wega dem wos du host seit vorgestern! Juckt des? Oder duats weh?

Enkel: A Flatrate is doch koa Krankheit!

Oma: Ned? Ja, wos is denn nacha des?

Enkel: Call in alle Netze, 300 SMSen pro Monat, Internet unbeschränkt – 19,99 im Monat! Hammer, oder?

Oma: *Völlig perplex:* Wooos? Vo wos redst denn du do? Host dir um 19 Euro 99 an Hammer kafft?

Enkel: Naa, i red vo mein Handyvertrag.

Oma: Achso! Ja, und wos bedeit des alles? Kohl in alle Netze? I hob gestern eikafft am Wochenmarkt. Do hob i aa an Kohl in mein Netz dringhabt! An Grünkohl, der war im Angebot!

Enkel: Naa Oma, ned Kohl! Call! Des bedeit, i konn telefoniern, wann i will und mit wem i will!

Oma: Ja und? Des konn i aa! Und i hob koan Handyvertrag, ned amal a Handy hob i! Und trotzdem konn i telefoniern mit wem i will!

Enkel:	Ja scho, owa du muasst ja jeds Gespräch extra zahln.
Oma:	Mei, des is mir eigentlich wurscht. I telefonier ja bloß selten. Wenn, dann mit da Frieda. Und de brauch i ned oruafa, weil de ruaft meistens mi o. Des kost mi gar nix. Weil woaßt, i konn mir einfach ihra Nummer ned mirka. 502378, des is für mei Alter einfach z'lang!
Enkel:	Du konnstas ja doch mirka!
Oma:	*Verblüfft:* Tatsächlich! *Grinst.* Owa des sog i da Frieda liawa ned, sunst muass i oruafa bei ihr und dann kosts mi wos! Naa, da soll scho liawa weida sie mi oruafa!
Enkel:	Do host aa wieder recht. Owa segst – mit Flatrate is des dodal wurscht! Do muass i nix zahln, und wenn i 1000mal oruaf!
Oma:	Ja, um Gottes Willen! Wen ruafst denn du 1000mal o? Host du überhaupt so viel Zeit? Du muasst doch aa lerna zwischendurch!
Enkel:	Naa, des war ja bloß a Beispiel! I ruaf natürlich ned 1000mal o, owa i kannt, weil mei Flatrate is unbeschränkt! I muass do nix extra zahln!
Oma:	Alls da ander?
Enkel:	Ha?
Oma:	Muass des dann alls da ander zahln?
Enkel:	Wos für a anderer?
Oma:	Der, den wos du oruafst!
Enkel:	Naa, des is alles automatisch in da Flatrate drin!
Oma:	Alls?
Enkel:	Alls!
Oma:	*Fasziniert:* Sachen gibt's! Is do alls drin! De 300 Essen aa?
Enkel:	Wos für 300 Essen?
Oma:	Du host doch gsagt, 300 Essen pro Monat san frei.
Enkel:	*Nach kurzem Nachdenken:* Achsooo! Naa Oma, doch ned Essen – SMSen!
Oma:	Essemessen? Wos is denn nacha des scho wieder?
Enkel:	Des san … äh …, des san so kloane Mitteilungen, de konnma wem schicka.
Oma:	Aaahh! Des kenni! Woaßt wos? Do hodma früher Brief gsagt dazua!
Enkel:	Naa, ned mit da Post schicka, mitm Handy!

Oma:	Wia geht nacha des? Muass is dann mei Handy mit da Post schicka?
Enkel:	Naa Oma, doch ned dei Handy mit da Post! Dann kannst ja glei an Briaf schicka!
Oma:	Ja eben!
Enkel:	Naa Oma, es is aso: Da tipp i ins Handy mei Nachricht ei, dann drucki aaf „senden", dann kriagts a anderer. Der konns dann lesen!
Oma:	Der wird schaun! Wenn der aafamal a Nachricht von dir kriagt! Der kennt di ja gar ned! Der denktse dann: „Wia hods denn der? Schickt mir einfach a Nachricht!"
Enkel:	Der kennt mi scho! De Nachricht kriagt ja zum Beispiel da Fabian.
Oma:	Da Fabian? Ned a anderer? Weil du host gsagt, de kriagt a anderer?
Enkel:	Ja, de kannt a anderer aa kriagn. Owa i konn des bestimma, wer de kriagt! Des is wia beim Telefoniern, do bestimmst ja aa du, wen du oruafst! Und bei da SMS is grad aso.
Oma:	*Grübelt:* Hm ..., ja, und wennst owa glei oruafa daadst? Dann kannst du des dem Fabian glei direkt song und brauchst nix schreim. Und des Oruafa kost di ja nix, des host selber gsagt!
Enkel:	*Momentan verwirrt:* Äh ..., ja, scho, owa es kannt ja sei, dass i koa Zeit hob zum Telefoniern, zum Beispiel!
Oma:	*Hartnäckig:* Ja, owa wennst zum Telefoniern koa Zeit host, dann host zum Schreim aa koane!
Enkel:	Äh ..., doch! Weil schreim geht schneller!
Oma:	Echt? Des glaub i ned. Wenn i zum Beispiel d'Frieda fragen mag, ob ihr de Tablettn, de wos i ihr gliehen hob, gega s Sodbrenna gholfa hamm und obs no mehra braucht und wanns dahoam is, dass ihr de Tablettn vorbeibringa konn und ob ihra Katz no Durchfall hod und sie no den Juckreiz am Bugl – bis ihr des alles schreib, derweil hob ihrs zehnmal gsagt!
Enkel:	*Momentan ratlos:* Des scho.
Oma:	*Eifrig:* Und dann is ned gsagt, ob sie des überhaupt lesen konn! Sie segt schlecht und find allaweil ihra Brilln ned,

	weils ja schlecht segt. Also ruaf i liawa o. Sie hört zwar aa schlecht, owa i schrei halt dann lauter.
Enkel:	Ja, ok, dann telefonier du liawa mit da Frieda! Owa mir schreim uns ja mitm Handy ned wega Sodbrenntablettn, sondern andere Sachen!
Oma:	Andere Sachen? Wos nacha?
Enkel:	*Überlegt:* Ja ..., äh, zum Beispiel „mache gerade meine Mathehausaufgabe".
Oma:	Und wem schreibst des?
Enkel:	Mei, zum Beispiel dem Fabian.
Oma:	Owa dem Fabian wird des wurscht sei, obsd du grad dei Mathehausaufgab machst!
Enkel:	*Immer mehr in Erklärungsnot:* Des woaß i ned, ob eam des wurscht is. Owa er konn zum Beispiel zruckschreim „schau grad Fernseh".
Oma:	Ja und? Interessiert di des, ob da Fabian Fernseh schaut?
Enkel:	Eigentlich ned!
Oma:	Und warum schreibt er dir des dann?
Enkel:	Jamei, er schreibts halt! Weil es is ja wurscht, es kost ja nix, er hod ja aa a Flatrate!
Oma:	*Kopfschüttelnd:* Also i begreif des ned! Mathehausaufgab und Fernsehschaun, des interessiert doch koan Menschen! I ruaf doch aa ned d'Frieda o und sog: „Hä Frieda, i trink fei grad an Kamüllntee"! Des wenn i daad, dann daad d'Frieda moana, jetza is soweit mit mir!
Enkel:	*Langsam verzweifelnd:* Jamei, scho klar. Owa man konn ja aa Bildln schicka! Gestern zum Beispiel hod mir da Dominik a Foto gschickt vo dera Leberkaassemmel, moment, i zoags dir, *sucht auf dem Handy nach dem Bild von Dominiks Leberkässemmel,* do schau her, des hod er mir gschickt! Cool, ha?
Oma:	*Betrachtet teilnahmslos das Leberkässemmelfoto.* Ja mei, a Leberkaassemmel halt! Hob i scho oft gseng! Warum schickt er de dir?
Enkel:	Dass i seg, wia de ausschaut.
Oma:	Ja woaßt du denn ned, wia a Leberkaassemmel ausschaut? Do is doch oane wia de ander! In manchen is a roter Leberkaas drin, in manche a weißer. Des woaßma doch, do brauchtma doch koa Bildl ned seng!

Enkel:	Also Oma, des is echt schwierig, dir des zum erklärn! Des mit da Leberkaassemmel, des war ja bloß a Beispiel! Man konn ja aa andere Fotos schicka!
Oma:	Wos denn zum Beispiel?
Enkel:	Wenn i zum Beispiel beim Wandern bin, dann konn i a Selfie macha und an meine Freind schicka!
Oma:	Wos konnst macha?
Enkel:	A Selfie! A Foto vo mir selber!
Oma:	Ja, und dann? Deine Freind wissen doch, wia du ausschaust, denen brauchst doch koa Foto schicka! Des is doch a Krampf!
Enkel:	*Immer mehr verzweifelnd:* Ja scho, owa i kannt zum Beispiel a Foto macha, wia i neban Gipfelkreiz vom Arber steh. Dann wissen meine Freind: Da Anderl steht jetza am Arbergipfel!
Oma:	Des hilft denen aa nix, wenns des wissen! Des konnst denen aa am naxtn Dog erzähln, dass du am Arbergipfel warst, do brauchts doch koa Foto ned!
Enkel:	*Frustriert:* Ja, ok, dann halt ned! *Wieder selbstbewusster:* Owa de Internet-Flatrate, de is super!
Oma:	Und wos is des?
Enkel:	I konn ins Internet, egal wann und egal wia lang!
Oma:	Und wos duast nacha do? Wo isen des überhaupt?
Enkel:	Des is praktisch a elektrisches Lexikon. Wenn i irgendwos wissen will, egal wo i bin, dann googles!
Oma:	Ja um Gottes Willen! Wos redst denn du daher?
Enkel:	Kennst du Google ned?
Oma:	An Guglhupf kenni, und an Bugl! Owa 'n Gugl kenni ned.
Enkel:	Naa, Google is ganz wos anders! Des gibt dir sofort Auskunft, wennst wos wissen willst!
Oma:	Do frog i d'Frieda, weil de woaß alls! De is alle Dog beim Doktor und im Wartezimmer hörts alle Neiigkeiten! I trau mir wetten, dass da Gugl ned so viel woaß wia d'Frieda!
Enkel:	*Lacht abfällig.* Omei Oma, du host keine Ahnung! Google woaß alles! Es gibt nix, wos Google ned woaß! Do konnst du d'Frieda vergessen! Egal, wos du wissen willst: Google konn dir jede Frage beantworten!

Oma:	Ja, wenn des aso is, dann frogna amal, wos am naxtn Samstag für Lottozahlen zogn wern!
Enkel:	Des woaß Google natürlich ned, er is ja koa Hellseher!
Oma:	Ja, wos woaß er denn dann zum Beispiel?
Enkel:	*Zögernd:* Ja ..., zum Beispiel, wann da Napoleon gstorm is. Des woaß d'Frieda hundertprozentig ned!
Oma:	*Lacht.* Des is doch mir wurscht, wann der gstorm is! Also wega so an Schmarrn daad i sowieso ned fragen! Wos mi zum Beispiel intressiern daad: Is des wahr, dass 'n Huawa Florian sei Tochter schwanger is. Frogna amal, dein Gugl! Des miassert er doch wissen, wenn er alles woaß.
Enkel:	Des woaß er aa ned! Woher soll denn der des wissen?
Oma:	Omei, der woaß ja gar nix! Do wenn i morgen d'Frieda frag, de woaß des hundertprozentig, weil do hamms bestimmt gred drüber im Wartezimmer!
Enkel:	*Hilflos, verzweifelt:* Oma, des is fei schwierig mit dir! Du verstehst des ned, wos de Flatrate für Vorteile hod! Allaweil, wenn i dir wos sag, dann sagst du wos anders. I woaß echt nimmer, wia i dir des erklärn soll!
Oma:	*Grinsend:* Frag halt 'n Gugl!

Ich persönlich bin ein Fan von Dialekten! Nicht nur von den bayerischen, die zweifelsohne die schönsten sind – auch der Slang des Ruhrpotts, der Berliner, der Hamburger und natürlich der Sachsen und vieler anderer sind immer wieder ein Genuss für das Ohr! Hoffentlich erhalten sich diese sprachlichen Highlights noch lange! Doch bei aller Schönheit der Klangfarben: Es kann natürlich auch zu Verständigungsproblemen kommen. Beispielsweise zwischen zwei zünftigen, leicht angetrunkenen Altbayern und einem original Berliner Taxifahrer bei einer

Taxifahrt in Berlin

Fahrer:	*Nachdem die Bayern zögernd die Beifahrertür geöffnet haben:* Juten Abend die Herren! Wo solls denn hinjehn?
Franz:	*Erschrocken über die exotische, ihm fremde Sprache:* Wos?
Fahrer:	Wo's hinjehn soll! Wat kann ick für Ihnen tun? Wo wolln-se hin, wa?
Franz:	Achso ..., Mooooment! *Zum Kumpel:* Du, Xare, wia hoaßt jetza unser Hotel wieder?
Xaver:	*Geistesabwesend, da er immer noch von der seltsamen Sprache des Fahrers beeindruckt ist:* Wos sagst?
Franz:	Do woma mir wohna, des Haus, wia hoaßt denn des?
Xaver:	Rote Wilma!
Franz:	Ehrlich? Rote Wilma? Des sagt mir jetza nix! Bist du dir do sicher?
Xaver:	*Leicht beleidigt:* Ja moanst du vielleicht, i bin bläd? Rote Wilma hoaßts! I bin doch ned bläd!
Franz:	*Beschwichtigend:* Ja ok, dua di ned owe! *Zum Fahrer:* Ins Hotel Rote Wilma möchtma! *Setzt sich mit Xaver auf den Rücksitz des Taxis und führt die Unterhaltung von dort weiter.*
Fahrer:	Rote Wilma? Hm ..., nu fahr ick schon 30 Jahre Taxi, wa? Aber Rote Wilma, von det Hotel hab ick noch nie jehört! Stimmt det wirklich so? Rote Wilma heeßt det?
Franz:	Also eigentlich is des ned direkt a Hotel in dem Sinn. Des is mehr a Pension is des, für a Hotel is des z'kloa. De hamm do so Kammerln zum Übernachten, so drei, viere. Wenns houh kimmt, fünfe!

Fahrer:	*Trotz höchster Konzentration nicht in der Lage, Franzens Redefluss zu folgen:* Wat hamm die?
Xaver:	*Belehrend zu Franz:* Du mousst a weng deitlicher mit dem Mo schmatzen, der duatse hart, der hört schlecht! *Souverän und weltmännisch zum Fahrer:* Die haben da so drei, vier Kämmerlein, da wo wir übernachten tuen! *Deutet entschuldigend auf Franz:* Er tut sich ein weng hart mit dem schmatzen!
Franz:	Wos?
Xaver:	Nix!
Fahrer:	Und des Etablissemang heeßt Rote Wilma?
Xaver:	Naa, det direkt ned! De Wirtin, also det Weib, dera wo des Haus gehören tut, det hoaßt Rote Wilma! Also Wilma Rote praktisch, des is ihra Nam'. Owa mir Bayern, mir sagen den Familiennamen zerst! Mir sagen zum Beispiel Huber Max und nicht Max Huber!
Fahrer:	Achso! Die jute Frau heeßt Wilma Rote! Na, det bringt uns alladings ooch nich weita. Mir sind zwar alle Straßen in Berlin jeläufig, aber die Namen von die Leute hab ick nich im Koppe, wa!
Franz:	*Zu Xaver:* Wos sagta?
Xaver:	I woaß aa ned recht. Des is koa Deitscher! I versteh eam bloß schemenhaft. *Zum Fahrer:* Was du wissen wollen von uns? Du sagen, wir antworten dann!
Fahrer:	Hammse die Straße und die Hausnummer von det Etablissemang? Wennse mir die Adresse sagen können, dann chauffier ick sie in Nullkommanix hin! Ick kenn Berlin wie meine Westentasche, wa!
Franz:	Woaßt du de Straß, Xare?
Xaver:	Mei, de woaß i jetza momentan ned so schlagartig. *Zum Fahrer:* Schlagartig nicht!
Fahrer:	Sie kommen aus Bayern, wa?
Xaver:	Jaja, vo Bayern samma mir! Da Franz *deutet stolz auf Franz* und i, mir samma vo Bayern! Do wohnma mir all zwoa!
Fahrer:	Wo da?
Xaver:	Woda? *Verständnislos zu Franz:* Woda?
Franz:	Woda? Wos woda?
Xaver:	Woda fragta! Wos moanst du?

Franz:	Wos woaß denn i, i woaß ja gar ned, wos woda is! Woda! Aso a Schmarrn!
Xaver:	*Zum Fahrer:* Wos woda? Wia moanst jetza des?
Fahrer:	Von wo Sie da herkommen in Bayern.
Xaver:	*Nach kurzer Überlegung:* Achso, woda! *Erleuchtet zu Franz:* Wo da moant er, von wo da mir her san!
Franz:	*Jetzt ebenfalls erleuchtet:* Achso! Wou do! *Zum Fahrer:* Vo Untergreisling samma her!
Fahrer:	Nie jehört. Det kenn ick nicht, wa. Is da ne größere Stadt in der Nähe? München oder so?
Franz:	Dunznhausen!
Xaver:	Kennst des? Des is recht bekannt eigentlich!
Fahrer:	Nö, det is mir ooch kenn Begriff.
Franz:	No geh, des kennt doch a jeder! In Dunznhausen, do gibt's doch de berühmte Sage vom Dunznhausener Sauschädl!
Fahrer:	*Völlig konsterniert:* Wat???
Xaver:	*Deutlich und langsam:* Vom Dunznhausener Sauschädel gibt es da eine Sage in Dunznhausen!
Fahrer:	Sauschädel? Ja, um Jottes Willen, wat is dat denn?
Xaver:	Des war aso: Do hod angeblich amol vor langer Zeit a Bauer a Dirn ghabt ...
Fahrer:	Wat??? Ein Bauer hatte eine Dirne? Also det müsst ihr mir näher erklären!
Xaver:	Ja, kennst denn du des Wort Bauer ned? A Bauer, des is a Landwirt, a Ökonom!
Fahrer:	Det hab ick schon verstanden, ick meene det andere, det mit der Dirne! Hatte der Bauer wirklich eine Dirne?
Franz:	Ja frale! In Bayern hod jeder größere Bauer oane, manchmal sogar mehra!
Fahrer:	Ach wat! Und die Dirnen, die sind alle direkt bei ihm uff dem Hof oder wat?
Franz:	Ja wo denn sunst? Woanders helfens eam nix! A Dirn ghört zum Hof! Weil d'Bäuerin, de konn doch ned alles alloans macha! Do muass halt dann d'Dirn eispringa!
Fahrer:	Wat?
Xaver:	Die Bäuerin kann nicht alles alleine machen! Ohne Dirne geht da nix! Die muss da einspringen, wenn die Bäuerin gerade nicht kann!

127

Fahrer:	*Lachend und anerkennend:* Da hammse wohl recht! Ooch Ökonomen hamm jelegentlich Triebe!
Franz:	*Versteht den Gag nicht, antwortet aber trotzdem.* Ja genau! Und de Dirn, des war a ganz a migerte!
Fahrer:	Eine wat?
Xaver:	Eine mögerte! Eine nette praktisch!
Fahrer:	Aaah ja! Nu hab ick verstanden.
Xaver:	Guat! Und jetza pass aaf, jetza wird's brutal: Der Bauer, der Saubär, der wollt, owa sie hodna ned loussn und gsagt: „Geh weg, du Sau!" Und wega dem hod er de Dirn de ganze Woch im Saustoll eigspirrt. Dog und Nacht bei de Sei, des is fei ned angenehm! Do stinkst du wia d'Sau!
Franz:	*Eifrig erklärend:* Is ja aa logisch, is ja a Saustoll!
Xaver:	Ja eben!
Fahrer:	*Total verwirrt:* Ick vasteh nur Bahnhof!
Xaver:	*Belustigt zu Franz:* Bahnhof! Er! *Eindringlich zum Fahrer:* Ned Bahnhof, Saustoll!
Fahrer:	Is ooch egal! Erzählnse weita, wat is dann passiert?
Xaver:	Jetza kimmts: De Dirn, de hod aaf den Bauern so einen Zorn ghabt und hodna verfluacht! Do schaust, ha?
Fahrer:	Ick weeß zwar überhaupt nicht, wovonse reden, aber machen Sie ruhig weita, es hört sich jut an!
Xaver:	Sie hod im Saustoll alle guadn und bösn Geister beschworn und hod gsagt: „I wünsch mir, dass da Bauer, de Dregsau, moang in da Friah, wenn er wach wird, an Sauschädl hod! Sein Leben lang!" Und obstas glaubst oder ned: Am naxtn Dog in da Friah hod da Bauer an Sauschädl ghabt! Aso is des überliefert, seit Generationen. Wahnsinn, ha?
Fahrer:	Det hab ich jetzt ansatzweise kapiert, det war'n Fluch oder so, wa?
Xaver:	Genau! Verfluacht war er, der Krippl, der elendige! In alle Ewigkeit!
Franz:	Amen! Grad recht gschiehts eam!
Fahrer:	Starke Story! Ick hätte da aber noch ne Frage: Wat is'n Sauschädl?
Franz:	Da Kopf vonana Sau! Ein Schweinekopf!

Fahrer:	Achso! Na, det is ganz schön brutal, wennde uffstehst, juckst in den Spiegel und da kiekt ne Sau raus, det is nicht anjenehm!
Xaver:	Des konnst laut song! Und zur Erinnerung an des Vorkommnis hamms in Dunznhausen alle Johr des historische Volkssauspiel, äh Volksschauspiel „Der Dunznhausener Sauschädl". Insgesamt zehn Aufführungen, anschließend Volksfestbetrieb mit Verlosung.
Fahrer:	Ach wat!
Xaver:	Jawoll! Den Bauern, den spielt allaweil a honoriger Mensch aus da Dunznhausener High Society, meistens a CSU-Stadtrat. Und de Dirn, des muass a unbescholtene Jungfrau sei. Heier zum Beispiel wars d'Schackeline, de jüngste Tochter vom Brotznbauern.
Franz:	*Steigert sich in einen Lokalstolz und -eifer hinein.* Genau! Hä, und des sog i dir: D'Brotznschackeline, de war super! Dodal glaubwürdig, wia echt! Wia de im Saustoll dringsessn is und hod gwoant, des war zum Woana – einmalig! Wia a Model! De hodma von de Sei sofort wegkennt, so guat schaut de aus! Aus dera wird no wos, hundertprozentig!
Xaver:	Genau!
Fahrer:	Ick find das klasse! Aber det bringt uns nicht weita, wat euer Fahrziel betrifft.
Franz:	*Zu Xaver:* Do hod er aa wieder recht. Mensch Meier Xaver, woaßt du den Nam vo dera Straß nimmer?
Xaver:	Glaubst, mir daad des eifalln, des is zum narrisch wern! I hobs im Kopf, owa i konns ned song, zefix!
Franz:	*Erleuchtet:* Halt, jetza woaßes wieder. Jetza, wo du gsagt host, dassdas im Kopf host, jetza isma wieder eigfalln: Wasserstraße! Wasserstraße 86. D'Hausnummer hob i mir gmirkt, weil do denk i einfach an des tragische Ereignis!
Xaver:	Tragisches Ereignis? Wos war den 1986 für a tragisches Ereignis?
Franz:	Do hob i gheirat!
Xaver:	Hähähä! A Hund bist scho, Franze! *Zum Taxifahrer:* A Hund isa scho, ha?

Fahrer:	*Amüsiert:* Ick find euren Dialekt einfach spitzenmäßig! Ick vasteh zwar fast nüscht, aber es hört sich voll supi an, wat ihr beeden da so rauslasst!
Franz:	Gell! Wo bist nacha du her?
Fahrer:	Ick bin jebürtiger Spandauer.
Franz:	Do schau her! Und wia lang bist nacha scho in Deitschland?
Fahrer:	Wie meenste dat jetzt?
Franz:	Is ja wurscht! A bissl verstehtma di scho. Aaf jeden Fall gfreima mir uns, dassma jetza mitn Taxi in d'Pension fohrn kinna! Fohr zua!

Das Taxi setzt sich in Richtung Wasserstraße 86 in Bewegung.

Franz:	Weil woaßt, mir warma heit den ganzn Dog unterwegs, zu Fuß! I gspir meine Haxn scho nimmer!
Xaver:	I de mein aa ned!
Fahrer:	Ick vasteh keen Wort! Wat is mit de Haxn? Jehts da wieder um den Sauschädl oder wat?
Xaver:	Iwo! Unsere Haxen tuen uns weh! Unsere Fiaß!
Fahrer:	Achso, die Füße! Seid ihr wohl viel rumjelatscht heute?
Franz:	Omei! Frage nicht!
Xaver:	Eine Rennerei den ganzn Dog! I hob drei Blodern!
Fahrer:	*Zu Franz:* Wat hat er, der Kollege?
Franz:	*Langsam und deutlich:* Xaver hat drei Blasen!
Fahrer:	Oh Jott, da würde ick aber mal zum Urologen jehen! Drei Blasen – det hört sich nicht jut an!
Xaver:	*Zu Franz:* Wos sagta? I versteh den dermaßen schlecht.
Franz:	Er sagt, wenn er du waar, daad er zum Urologen geh!
Xaver:	Hä? Spinnt der? Warum daad der zum Urologen geh?
Franz:	Keine Ahnung! *Überlegt kurz, versteht dann die Argumentation des Fahrers und lacht.* Achso! Jetza is mir klar, wos der überhaupt moant! Hähähä! Wahnsinn!
Xaver:	*Immer noch ahnungslos:* Ja fix, wos lachst denn so bläd?
Franz:	I drah durch! Du, der moant, du host drei Blodern!
Xaver:	Ja fix, wos is denn do so lustig? I hob ja drei Blodern!
Franz:	Ja scho, owa der moant andere Blodern, der moant Blodern zum Bieseln! Drei Blodern, verstehst?

Xaver:	Achso! *Lacht aus vollem Herzen.* Drei Blodern! Der moant, i hob drei Blodern! Aso ein Hirsch!

Beide brüllen förmlich vor Lachen ob der Begriffsstutzigkeit des Fahrers.

Fahrer:	*Verdutzt und ahnungslos:* Wat ist denn so lustig, Freunde?
Franz:	Wir freuen uns des Lebens! Mir hamm eine Freude!
Fahrer:	Det find ick jut, wenn Menschen so lebenslustig sind! Klasse find ick det!
Xaver:	Gell!
Fahrer:	Und wat führt euch nach Berlin, wenn ick fragen darf?
Xaver:	I hob beim Feierwehrfest bei da Tombola den ersten Preis gwonna, drei Tage Berlin für zwei Personen.
Fahrer:	Und als Jungjeselle haste deinen besten Kumpel mitjenommen, wa?
Xaver:	Naa, i bin verheitrat. Owa i hob mir denkt: „Wos daad mei Wei z'Berlin? Wegan Eikaffa brauchts ned mit, weil an Aldi hamma mir aa. Und drum hob i den Franz mitgnumma, weil mit dem wirds wenigstens lustig.
Fahrer:	Det find ick nobel von dir. Und die Jattin hat nicht jeschimpft oder jemosert, weil sie nicht mitjedurft hat?
Xaver:	Naa, de macht mit da mein a Wellnesswochenende in Bad Füssing. Do sans guat aufghobn und da hamma mir unser Ruah. Ja glaubst denn du, i fohr mit mein Wei aaf Berlin? I bin doch ned bläd! Den ganzn Dog bloß in Gschäfta umanandarenna und kein Wirtshaus? Des is nix!
Franz:	Do bleib i liawa glei dahoam! Des mit dem Wellness, des is ned schlecht, grundsätzlich. Do fahrst am Freitag hi und schaust greislich aus und am Sonntag fahrst hoam und schaust guat aus. De unsern warn scho zwoamal aaf Wellness, owa bei denen haut des ned hi, nicht ums Verrecka! De kommen scheinbar nie dro!
Xaver:	Tragisch direkt!
Fahrer:	Det hab ick jetzt verstanden und ick muss sagen: Ick versteh dir hinsichtlich der Gattin! Is einfach mitm juten Kumpel lustiger, wa! Und? Habt ihr dann det Brandenburger Tor ooch schon jesehn?
Franz:	Brandenburger Tor? Naa, Fußball interessiert uns weniger.

Fahrer:	Nee, dat hat mit Fußball nüscht zu tun! Det is'n Bauwerk, wa! Det is historisch, ein nationales Denkmal is det. So'n riesiges Säulenbauwerk mit Pferden oben druff.
Xaver:	Ach, des is des!
Franz:	Wos is des?
Xaver:	Des is des, wo du dir de Currywurscht kaaft host! Do war doch glei daneben aso a drumm Tor, so dreckig grau.
Franz:	Moanst du de Currywurscht bei dem Verkäufer, der wo so schlecht gseng hod?
Xaver:	Genau, den moan i.
Fahrer:	Wat war mit dem Verkäufer?
Franz:	Der hat ganz schlecht gesehen mit den Augen! I sog zu eam, dass i a Semmel mit zwoa Fleischpflanzln möchte, dann sagt er: „Hammwa nicht!" Sog i: „Hä, Mo, bist du blind oder wos? Do auf dein Grill liegn doch a ganza Haffa Fleischpflanzln! Und zwoa gibstma!" Du, der hod de nicht gseng! Der hod gsagt: „Bulletten hammwa und Currywürste, sonst nüscht!" I hob dann gsagt: „Dann gib mir a Currywurscht, du blinder Brem!" I streit mi doch mit dem ned, bloß weil der schlecht segt, oder?
Fahrer:	Ick kann dir nicht vastehn! Wer is Brem?
Xaver:	Is ja wurscht. Aaf jeden Fall war des des Brandenburger Tor.
Franz:	Aha! Des war des!
Fahrer:	Jenau! Und? Wat sagste dazu?
Franz:	Mei, wos soll i do song? Hübsch alt is halt! Owa ned schlecht! In Untergreisling hamma sowos ned, do hamma bloß a Kriegerdenkmal, owa des is ned so grouß.
Fahrer:	*Lacht.* Det gloob ik! Und den Alex? Habt ihr den ooch jesehn?
Xaver:	Den Alex? Den kenn i ned, wer isn des? *Zu Franz:* Kennst du den?
Franz:	Hm ..., also der sagt mir momentan aa nix. Is des a Promi?
Fahrer:	Nee nee, det is keene Person, det is 'n Platz – der Alexanderplatz, weltberühmt! Berlin Alexanderplatz!
Franz:	Also da bin i jetza überfragt. I hob den ned gseng. Du, Xaver?
Xaver:	No freilich Franz, den hamma scho gseng! Des war doch do, woma uns a Berliner Weiße und an Früchtebecher kafft hamm! Woaßt scho, des grüne Zeigs in dem Cafe!

132

Franz:	Aaah! Ja genau! Mit dera ungarischen Bedienung! De wia gsagt hod: „Bittäschään! Zwei Bärlinäär Weißää und zwei Früchtäbechäär!"
Xaver:	Genau! Also rein vo da Figur her war de eindeutig vom Plattensee! Ned unsauber, owa null Busen, null! Verstehst scho, Plattensee!
Fahrer:	*Amüsiert:* Jaja, ick vasteh dir schon! Die hatte koa Holz vordahütten, wie ihr in Bayern sagt, wa!
Xaver:	Haargenau! Schau her, du konnst ja direkt Bairisch! Hut ab!
Fahrer:	*Unbeholfen:* Ochkatzlschwoaf!
Xaver:	Ja super, einwandfrei! Oachkatzlschwoaf konnst aa scho, du bist ja direkt a Talent! Wo host denn des glernt, ha?
Fahrer:	*Verlegen-stolz:* Naja, man hat ja öfter mal Fahrgäste aus Bayern, wa! Und da lernt man immer 'n bisschen wat dazu.
Franz:	Nicht schlecht, Herr Specht!
Fahrer:	*Noch stolzer:* Naja, man tut, wat man kann, wa! Wart ihr ooch beim Reichstag?
Franz:	Reichstag ... Reichstag ..., hm irgendwie sagt mir des wos. Xaver, hilf mir, i kimm ned drauf!
Xaver:	Reichstag, war des ned durt, woma uns den Döner kafft hamm und des Cola? Weils doch ghoaßn hod, a Döner, des is ebbs typisch Berlinerischs.
Franz:	Ja genau! Jetza woaßes wieder. Do hamma uns den Döner kafft und dann hamma doch den türkischen Berliner gfragt, wos des für a drumm Haus is mit dera deitschn Fahna. Und der hod dann gsagt: „De is de Reichstag von de Bündesrepüblük! De Haus von de Frau Merkel!"
Xaver:	Der hod zwar an komischen Dialekt ghabt, owa man hodna verstandn. Mei, manche Leit hamm einfach an seltsamer Dialekt, do kinnans nix dafür. Hod ja ned jeder aso a klare Sprache wia mir Bayern. Und sei Döner war in Ordnung. Zwoa Euro, do konnma ned meckern!
Franz:	Des seg i aa aso. Und nicht zu scharf, human!
Fahrer:	Det freut mir! Und wart ihr ooch aufm Kudamm?
Franz:	Kuh? Also Kuh hamma koane gseng, aa koan Damm.

Fahrer:	Nee, ick meine den Kurfürstendamm. Det is ooch een Wahrzeichen von Berlin. Den muss man jesehen haben, wenn man in Berlin ist, det is een Must!
Franz:	Mast hamma aa koan gseng. Owa Kudamm ..., jetza fallts mir wieder ei. Des war do, woma uns de Bratwurschtsemmel kafft hamm und des Dosenbier. Xaver, woaßt scho, do hod uns doch de Verkäuferin bedient, de so brutal guat ausgschaut hod!
Franz:	Ach de! Mi host ghaut, war des ein heißes Gerät. Mi hätt eigentlich gar ned ghungert nach dem drumm Döner, i war voll!
Xaver:	I scho aa! Owa i hob mir denkt, dera muass i einfach wos abkaffa, de hods verdient!
Franz:	I aa! *Grinsend zum Fahrer:* Im Gegensatz zu dera ungarischen Bedienung war de ned vom Plattensee, des war a duddade!
Fahrer:	Eine wat?
Xaver:	Eine Vollbusige! Da sagen wir in Bayern Tutterte dazu.
Fahrer:	Achso! Haha! Alles klar, Jungs, da kooft man gerne mal ne Bratwurst, wenn sie einem mit Esprit serviert wird!
Franz:	Also mir hodses mit Senft serviert!
Fahrer:	Sehr originell! Hahaha! Mit Senf! Hahaha!
Franz:	*Verständnislos:* Hahaha!
Fahrer:	Naja, dann seid ihr ja viel rumjekommen. Habt ihr ooch den Checkpoint Charly jesehn?
Franz:	Des is a Ausländer vom Nam her, oder?
Fahrer:	Nee nee, det ist der ehemalige amerikanische Kontrollpunkt vor der Mauer, det is een historischer Platz, da wurde Weltjeschichte jeschrieben!
Franz:	Soso!
Xaver:	Franz, warma mir do aa oder warma do ned, bei dem Charly?
Franz:	War des ned do, woma mir beim Mittagessen warn? Weilst doch du no gsagt host: „Jetza kanntma wos essn!"
Xaver:	Hm ..., ah ja, genau! Jetza glaubi, woaßes aa wieder! *Zum Fahrer:* Gibts do ned so Andenken? So Militärgraffl? Russische Pelzkappen, Granatn und so Zeigs?
Fahrer:	Jenau! Da jibts jede Menge Souveniers beim Checkpoint Charly.

Franz:	Segstas, i hobs doch gwisst! Do hob i ein wunderbares Rehragout gessn mit böhmische Knödel, international!
Xaver:	Und i a Ente mit Blaukraut und Fingernudeln. Du, de war in Ordnung!
Franz:	Also den Checkpoint Charly, den konnma weidaempfehln, do isstma guat und preiswert!
Fahrer:	Ach ja! Und wie hat det Lokal jeheißen?
Xaver:	Mei, des woaß i nimmer. Alles konnmase ned mirka. I woaß bloß no, dass a dunkls Weizen drei Euro und 60 Cent kost hod.
Franz:	Des is im Rahmen. Für Berlin!
Fahrer:	Naja, is ja ooch ejal. So, meine Herren, gleich hammwas jeschafft. Do vorne nach der Ampel kommt schon die Wasserstraße. Dann wünsche ick noch 'n schönen Abend, wa!
Franz:	Dankschön! Noja, viel werma nimmer zreißn heit. Oder, Xare?
Xaver:	Naa, viel nimmer. A gscheits Abendessen werma uns no kaffa und a poor Holbe und dann gema ins Bett. Weil moang is ja aa no a Dog.
Fahrer:	Det will ick meinen! Und wat steht morgen uff eurem Programm? Kultur, Museen, Biergarten?
Xaver:	Naa, gseng hamma heit scho gnua. De Rennerei macht miad und hungrig. Moang kaffma uns amal wos Gscheits zum Essn! Des muass aa amal sei, oder? Ned allaweil bloß de Kultur.
Fahrer:	Da haste recht. So, da wären wir! Det macht 12 Euro und 60 Cent bitteschön!
Xaver:	*Zückt den Geldbeutel.* Du bist a freindlicher Mensch und host uns einwandfrei transportiert. Do schau her, do host einen Zwanzger!
Fahrer:	*Erfreut:* Oh, danke schön!
Xaver:	Gibst mir 7 Euro und 40 Cent aussa, dann passt de Sach!
Fahrer:	*Ernüchtert:* Äh …, vielen Dank!
Xaver:	Gern gschehn! Servus nacha!
Fahrer:	Ja, tschüss!
Franz:	*Im Aussteigen:* Magst a neis bairisches Wort lerna?
Fahrer:	Immer!

Franz:	Dodale Deppen daan diskutiern!
Fahrer:	Und wat heeßt dat uff deutsch?
Franz:	Talkshow!

Bevor ich die nächste (fast wahre) Geschichte erzähle, ist es mir ein Anliegen,
Folgendes festzustellen: Den Großteil unseres heutigen Wohlstandes, den wir
so gern und so selbstverständlich genießen, verdanken wir der Sparsamkeit,
dem Fleiß und der Bescheidenheit unserer Eltern- und Großelterngeneration.
Sie haben sich nichts gegönnt, damit wir es einmal besser haben und damit
unser Problem nicht der Hunger, sondern das Cholesterin ist. Es geht uns
einfach gut, viel besser wie ihnen seinerzeit, also sollten wir ihnen dankbar
sein. Sind wir auch! Es gibt aber Situationen, wo man den Hang zur Spar-
samkeit etwas unterdrücken sollte, um nicht unangenehm aufzufallen. Zum
Beispiel

Im Vier-Sterne-Restaurant

Wia unser Tante Frieda 75 Jahr alt wordn is, hamma uns denkt, wir
ladmas amal so richtig fein zum Essen ei!

Weil erstens gehört sich des, dassma sei Tante amal zum Essen einlad,
zweitens woaßma nie, was man an älteren Menschen zum Geburtstag
schenken soll, und drittens: Unser Tante Frieda is ledig, kinderlos, hat
2 (in Worten: Zwei) Häuser und a sechsstelliges Sparvermögen!

Ned dass des jetza jemand falsch versteht: Wir hättens aa eingladn,
wenns drei Häuser hätt und bloß a fünfstelliges Sparvermögen! Und
mir wünschen ihr a langes Leben, owa man kanns ja ned wissen, wann
de ihra Testament schreibt! Und drum is besser, man steht guad da bei
ihr.

Auf jeden Fall: Dass sie einmal in ihrem Leben wos Exklusives erlebt,
samma mit ihr in d'Stadt gfohrn in ein nobles Vier-Sterne-Restaurant!

Wiamas dahoam abgholt hamm, hods des gsagt, wos sie immer sagt,
wenns irgendwer abholt: „Moment, i muass no biesln!" Nach dem
Biesln hods no kontrolliert, ob da Ofen aus is und ob da Wellensittich
a Wasser hod und dann samma gfahrn.

Im Auto hods dann no gsagt, dass des eigentlich gar ned braucht und
dassma unser Geld sparn solln für schlechte Zeiten. Des sagts übrigens
an jedem Geburtstag, völlig egal, wosma ihr schenkt. Wenn alle so
waarn wia unser Tante Frieda, dann hätts des deitsche Wirtschaftswun-
der gar ned gebn, weil kein Mensch hätt wos kafft und jeder hätt
gspart für schlechte Zeiten! Und de guadn Zeitn waarn gar ned kema.

Und außerdem: Sooo schlecht kinnan d'Zeiten gar ned werden, dass zwoa Häuser und a sechsstelliges Sparvermögen ned langa! Des hob ihr owa ned gsagt, des hob i mir bloß denkt.

Wia mir im Restaurant ankema san, hob i vorsichtshalber no gsagt: „Gell, Tante, du derfst dir heit bestellen, wos du magst! Du bist unser Gast, denk dir nix! Heit schaust amal ned aufs Geld!" Nach der obligatorischen Antwort „des brauchts doch ned" samma eine ins Restaurant „Chez Paul".

An der Garderobe wollt sie ihren Mantel ums Verrecka ned hergebn. Weil sie hod die Befürchtung ghabt, dass im Lokal zu kalt is und dass sie dann wieder Probleme mit de Nieren hod, mit da Blase hods sowieso welche.

Und außerdem kost die Garderobe 2 Euro und des brauchts doch ned, weil um 2 Euro hodma früher no an Schweinsbraten kriagt, wias no koan Euro gebn hod.

De nette und geduldige Frau an da Garderobe hod zwar gsagt, dass im Lokal angenehm warm is, wos mir ned passt hod, weil i gschwitzt hob wie die Sau – es war da 30. August und draußen hods 30 Grad ghabt, aaf d'Nacht um sieme!

Aber die Tante hod sich durchgsetzt und is mitm Mantel an da Garderobe vorbei und dann owe zum Biesln.

Kaum hamma 20 Minuten auf sie gwart, wars scho wieder do. Dann hats gsagt, dass des Klo gar ned schmeckt wia a Klo, sondern direkt angenehm, wia a frischgwaschne Wäsch, so lavendelartig. „Des soacherlt iwahaupt ned!", hods gsagt.

„Des gfreit mi, Tante Frieda!", hob i gsagt und dann samma endlich ins Lokal eine. Sie wollt sich zerst ned an den Tisch setzen, weil a Schildl mit „Reserviert" draufgstandn is, owa i hob ihr erklärt, dass der für uns reserviert is. Des hod dann da Ober bestätigt, dann hodses glaubt. Nach Probesitzen aaf alle vier Stühle hods dann den gfundn, wo da Luftzug für sie am erträglichsten war, und hod sich higsitzt.

Da Ober hod glei gfragt, ob mir an Aperitif wolln. De Frage hod sie ignoriert und hod zum Ober gsagt: „Ned, dass Sie glauben, i geh allaweil in so sünddeierne Wirtsheiser! I bin heit bloß mitganga, weil i bin eingeladen, weil i werd 75! Des is mei Neffe, da Toni! Der hod mi eingladn! Kennens den? Der schreibt so lustige Gschichtln, manchmal kimmt er sogar im Radio! D'Leit san aso, de lacha über jeden Schmarrn!"

Er hod mi ned kennt. Dann hod d'Tante aaf mei Frau gedeutet und hod gsagt: „Des is sei Wei, kennens de?" De hod er aa ned kennt und er hodse dafür entschuldigt, weil er uns ned kennt! D'Tante hod gsagt: „Mocht nix! Owa a scheens Klo habts, mei Liawa! Eins A, aa vom Geschmack her! Sorcherlt nicht!"

Da Ober hod ned so recht gwisst, wos er song soll außer „vielen Dank, das freut mich!"

I wollt de komische Unterhaltung beenden und hob de Aperitifs bstellt, für mei Frau und mi an Sherry und für d'Tante an Eierlikör, weil den mogs recht. Leider hamms koan da ghabt, dann hods als Aperitif a kloans Radler bestellt, owa „nicht zu kalt" wega de Nieren und da Blase. Da Ober hod zwar a weng komisch gschaut, owa dann hod er gsagt „sehr wohl" und is furt.

„Tante Frieda", hob i gsagt, „du brauchst di doch vor dem Ober ned rechtfertigen, weil du in an noblen Lokal isst! Des geht doch den Mo nix o, obma mir di einladen oder ned!"

„Naa!", hods gsagt, „des muass i dem scho song! Wos soll sich denn der vo mir denka! Der moant doch sunst, i wirf mei Geld fürs Fenster auße!"

Mei Frau is scho a bissl nervös wordn wega dera peinlichen Situation, owa dann is Gott sei Dank da Ober kema mit unsere drei Aperitifs bzw. mit zwoa Aperitifs und an lauwarma kloan Radler, d'Speisekartn hoda aa mitbracht.

„Des hätts fei ned braucht", hod d'Tante gsagt, „dass jeder a extra Speiskortn kriagt! Mir hättma miteinander in oane eineschaun kinna, weil mir samma ja verwandt!" Da Ober hod wieder ned so recht gwisst, wos er song soll, hod verlegen grinst und is ganga.

D'Tante hod dann mit einem herzlichen „Prosit" ihra Bluatdrucktablettn mittels Radler owegschwoabt.

„Jetza sei schee staad, Tante Frieda, und suach dir wos Guats zum essen aus!", hob i gsagt.

Mei Frau und i hamma in aller Ruhe unser Speisekartn ogschaut und d'Tante hod in der ihren glesn, allerdings laut. Kaum hods ogfangt, is scho d'Schimpferei losganga: „Des soll a nobls Wirtshaus sei? Und dann stenga aaf da Speiskortn no de oltn D-Mark-Preise? Des hättens scho vor Jahren ändern miassn! Aso a Saftladen!"

„Tante, bi halt staad!", hob i hizischt zu ihr, „des san scho Euro, koane D-Mark! Und denk dir nix wega de Preise, du bist unser Gast!"

Scheinbar hod sich d'Tante scho wos denkt! „Wooos?", hats gsagt, „wooos?" Ihr werds mir doch ned weismacha wolln, dass do a Spargelcremesuppn acht Euro kost? Des waar ja in D-Mark no a dodaler Wucher! Und do schau her: A Lachscremesuppn 9 Euro! Do werfans a poor Bröckerl Dosenfisch eine, an Suppnwürfl und an Batzn Sahne und dann verlangens 18 Mark! De spinnen doch komplett, aso a Suppn kost denen höchstens oan Euro, eher weniger! A bodenlose Sauerei is des!" Sie hodse richtig einegsteigert.

Mir war des dermaßen zwider. „Tante!", hob i gsagt, „jetza beruhig di halt! Ned so laut! D'Leit schaun scho her!"

Am Nachbartisch is nämlich a farbiger Mensch mit Migrationshintergrund und Nadelstreifenanzug gsessn und hod d'Tante Frieda ganz befremdet ogschaut. Und anstatt, dass sie wegschaut, sagts zu eam – i hob mir denkt, mi trifft da Schlag –: „Jetza muass i scho amal dumm fragen: Kinna Eahna Sie des leisten? Als Näga? Dahoam in Afrika verhungern d'Leit und er frisst a Suppn um 9 Euro! Also, i find des nicht in Ordnung, des sog Eahna scho!"

Gottseidank hodas scheinbar ned verstanden, weil er hod gelächelt und genickt und gsagt: „Soup very good! Thank you!"

I hob zu eam gsagt „a good I wish", des hoaßt „an Guadn wünschi", dann hob i mir d'Tante vorknöpft.

„Mensch Meier, Tante Frieda! Sei halt jetza endlich staad und lass den Mo in Ruhe sei Suppn essen! Der konn doch aa nix dafür, dass in Afrika arme Leit gibt! Suach dir liawa aus, wos du essen magst und kümmer di ned drum, wos andere Leit essen! Außerdem sagtma ned „Näga", sondern „Farbiger"!

„Ja freilich", hods gmoant, „wenn der farbig is, dann friss i an Besn – der is doch kohlraberlschwarz!"

Gegen so eine Einstellung host du keine Chance!

„Glei wird da Ober kema und frong, wos du magst, dann woaßtas ned," hod mei Frau gsagt, de aa scho langsam grantig worn is.

D'Tante Frieda hod glei klargestellt, dass sie koa Suppe isst, weil des eine Sauerei is mit de Preise und hod glei bei de Vorspeisen gschaut.

Dummerweise waren de erste Vorspeise „6 ökologisch kontrollierte Weinbergschnecken in zerlassener Kräuter-Knoblauchbutter mit knusprigem Toast". 13 Euro! D'Tante war komplett schockiert und empört! „Habts des gseng? Habts des gseng? Do kost oa Schneck über vier Mark! I zahl doch ned 13 Euro dafür, dass mir beim Hischaun scho schlecht wird! De solln amal zu mir in den Gmiasgarten kema, wenns a feichts Weda hod, dann kriagns 100 Schnecken umasunst! De kinnans dann selber zammglaum!"

Normal hätt i da Tante Frieda erklärn miassn, dass des aaf da Speisekartn andere Schnecken san wia ihre brauna Schleimbatzn im Gmiasgarten. Owa i hob einfach nervlich de Kraft nimmer ghabt und ghofft, dass da Ober bald kimmt, dass a Ruah is. Also manchmal muasst dir zwoa Häuser wirklich sauer verdienen. Wenn i jeden Dog mit da Tante Frieda zum Essen geh daad, brauchert i de Häuser gar nimmer, weil i sowieso a feste Unterkunft hätt: Im Irrenhaus! Gottseidank is da Ober kema.

„Und? Haben die Herrschaften schon gewählt?"

„Tante, sogs du zerst, weil du bist des Geburtstagskind!", hod mei Frau gsagt.

„A Suppn iss i ned, de is mir z'deier!"

„Tante, du bist doch unser Gast!", hob i ganz verzweifelt gefleht, „schau doch ned allaweil aaf den Preis und iss des, wos dir schmeckt!"

Da Ober hod mi richtig mitfühlend ogschaut, i glaub, der hod aa a Tante mit zwoa Häuser oder mindestens mit oan.

„Dann vielleicht eine Vorspeise?"

Diese Frage hob i befürchtet! Und mei Befürchtung war begründet, weil als Antwort is vo da Tante Folgendes kema: „Pfui Deifl! I mog scho koan Schneck ned olanga, geschweige denn essn! Mir wennst ned gangst, ja pfui Deifl!"

Owa da Ober war nervlich stabil und hod so schnell ned aufgebn.

„Vielleicht ein Shrimpcocktail? Oder hauchdünn geschnittener Südtiroler Schinken – luftgetrocknet? Mmhhh …, kann ich wärmstens empfehlen! Mit knusprigem Fladenbrot! Eine Delikatesse!"

Mir is scho fast 's Wasser ausm Maul aussagloffa, aso hod mi ghungert, und i hob spontan für mi und für mei Frau an hauchdünnen Schinken bstellt. Da Tante is scheinbar nix im Maul zammgloffa, weil sie hod bloß gsagt: „Des Zeig brauchts alles ned, mir glangt a Hauptspeis!"

Dann hods umblättert zu de Hauptgerichte. Do san dann de tollsten Sachen durtgstandn: Französische Spezialitäten, bei denen scho da Nam' schmackhaft war, argentinische Riesensteaks, Hummer, Seezunge, Entenbrust rosa gebraten mit Ingwer-Orangen-Sauce …, kurz gsagt, alles, was das Herz bzw. der Magen begehrt!

Und was wollte unsere Tante? A Wiener Schnitzel! Des waar ja no ganga, weil es hod tatsächlich oans gem.

Owa sie wollt an bsondern Gag macha und hod zum Ober gsagt: „Sie, is des in so noble Wirtsheiser üblich, dass da Preis vo de Speisen in da historischen Landeswährung higschriebn wird?"

Da Ober hods ned kapiert – i momentan aa ned – und hod gfragt: „Wie belieben?"

„No, der Preis vom Wiener Schnitzl: 26,50, des san doch Schilling, oder?"

„Äh ..., nein, das sind Euro, gnädige Frau!" Da Ober war so verwirrt, dass er direkt a bissl gstottert hod.

Des war der Zeitpunkt, wo i eigreifa hob miassn, sunst hätts mei Frau zrissn vor Zorn, de war scho ganz rötlich im Gsicht. I hob ihr ins Ohr gflüstert: „Ruhig! Zwoa Häuser san zwoa Häuser!" Und zum völlig verstörten Ober hob i gsagt: „Des war bloß a Witz mit de Schilling! Mei Tante is a recht a lustige Frau. Sie nimmt des Wiener Schnitzel und i zahls!"

Mei Frau und i hamma uns je an frischen Spargel mit Schweinefilet und Sauce Hollandaise (je 28 Euro) bstellt.

Zum Trinka zwoa Schoppen französischen Rotwein (je 9 Euro) namens Boscholä.

D'Tante wollt partout nix mehr zum trinka bstelln, weil „a kloans Radler langt für an älteren Menschen leicht". Und wenn überhaupt, dann wollts a Karamalz, und des hamms ned ghabt.

Wia da Ober weg war, hob ihr noml ins Gwissn gred: „Mensch, Tante Frieda! Hör halt amal aaf mit dera ewigen Jammerei über de Preise! Mir hamm di in a feins Restaurant eingladen und damit basta! Du bist uns des wert, zenalln!"

„Owa 26 Euro und fuchzg Cent für a Schnitzl! Für des Geld koch i dahoam a Wocha lang!"

„Des mog scho sei, Tante Frieda", hod mei Frau gsagt, „owa ab und zu derfma sich aa amal wos leisten! Grad wennma Geburtstag hod!"

Des war ein schwerer Fehler, des hätte mei Frau ned sagen solln! Weil dann is vo da Tante sofort des kema, wos in solche Fälle immer kimmt: „Wenn i ned aso gspart hätt, dann hätt i koane zwoa Häuser! Wer ned spart, der kimmt zu nix!"

Do hods zwar grundsätzlich recht, owa des is a sehr gefährliches Thema. Weil wenn de mei Frau und mi für verschwendungssüchtig halt, dann vererbts uns womöglich de zwoa Häuser ned und dann war alles umasunst.

Gottseidank war de Diskussion abrupt aus, weil der nadelgestreifte dunkelhäutige Mo am Nachbartisch hod zahlt, und d'Tante war abgelenkt. Wia da Ober gsagt hod „102 Euro bitte, der Herr" und der Mo hod eam 110 Euro gem und gsagt „it's okay", is ihr allerdings die Galle hochkema.

„Acht Euro Trinkgeld gibt der dem! Des san in Worten 16 Mark! Spinnt der? Denen spend i nix mehr! Do konn da Herr Pfarrer song, wos er will! Von wegen arme Negerlein!"

Guat, dass der Mo immer no nix verstanden hod. Er hod bloß freundlich „good bye" gsagt und is ganga.

D'Tante is vor lauter Empörung spontan zum Biesln ganga. Und natürlich hods aa de gewaltige Flüssigkeitszufuhr (ein halbes kleines Radler) druckt.

Wia's am Klo war, hod mei Frau gsagt, dasma mir nie mehr mit da Tante ins Restaurant genga und dassma ihr zum 80. a Bratwurschtsemmel kaffa und aus die Maus. I war sofort einverstanden.

Bald drauf is d'Tante wieder kema und unser hauchdünner Schinken aa. Er war ein Gedicht und jeden Cent wert. Und obwohl d'Tante dreimal gfragt hod, wia er schmeckt, hob ihr nicht angeboten, zu probieren – Strafe muss sein!

Owa wias dann gseufzt hod „omei, wer wird sich amal um mei Sach kümmern, wenn i nimmer bin? Meine Häuser, mei Geld, irgendwem muasses ja gebn!", hod ihr mei Frau den Rest vo ihrem Schinken umegschobn. I hob mein Schinken leider scho gessn ghabt bzw. gottseidank.

Dann is da Tante ihra Schnitzel kema.

Rein optisch hods ihr taugt, „schaut guat aus", hods gsagt. Owa nach dem ersten Bissen hods gmoant, dass des Fleisch komisch schmeckt, ganz anders wia de Schnitzel bei ihr dahoam. „Do stimmt ebbs ned!", hods gsagt.

Kurz drauf hod da Ober unsern Spargel bracht und d'Tante hod mit strengem Blick aaf ihra Schnitzel zoagt und wie ein Feldwebel gfragt: „Was is des für ein Fleisch? Die Wahrheit will i wissen! Is des a Hormon oder wos?"

„Äh, frisches Kalbfleisch, gnädige Frau!", hod da Ober gstottert.

„Hammas scho!", hod mei Tante triumphiert, „hammas scho!" I hobmas doch glei denkt, dass des wos Minderwertigs is! Für 26 Euro und fuchzg Cent konnma doch wohl a gscheits Fleisch verlanga! A Schnitzl is a Schweiners und koa Keibl, guada Mo!"

Da Ober war total perplex.

„Aber Kalbfleisch ist doch ein edles Fleisch, gnädige Frau", hoda verzweifelt gmoant, „für Wiener Schnitzel unabdingbar!"

„Nix do! Solang i leb, und i leb scho lang, hob i ein schweinernes Schnitzl gessn! Und an mein 75. Geburtstag iss i aa ein schweinernes Schnitzel oder gor koans, dass des klar is!"

Da Ober hod direkt zittert, er hod mir leid do.

„Bringens ihr bitte a Schweineschnitzel, Herr Ober! Des Kalbsschnitzel iss i, weil mei Spargel is eh ned viel, eher wenig!"

„Also du frisst ja wirklich alles!", hod mi mei Tante abfällig ogschaut, des war mir wurscht.

Sie hod dann bald drauf ihra Schweineschnitzel kriagt, des hod ihr dann so guat gschmeckt, dasses fast halb gessn hod, den Rest hods in an Plastikbeidl eigwickelt, den wos sie vorsichtshalber immer ins Wirtshaus mitnimmt.

Nach dem Essen hamma uns dann no über da Tante ihre verschiedenen Krankheiten unterhalten – des gfallt ihr immer recht –, dann is d'Rechnung kema: 136 Euro. I hob dem Ober 136,50 Euro gem, dass d'Tante ned moant, i bin verschwendungssüchtig. Der Mo duat mir leid, owa i konns aa ned ändern! Wos san scho a poor Euro z'wenig Trinkgeld gega zwoa Häuser!

Dann hamma d'Tante hoamgfohrn. „I bin so voll, des kinnts eich ned vorstelln! So viel hob i scho lang nimmer gessn!" Jamei, a halbes Schnitzel und 120 Milliliter warmes Radler, des is a Haffa Zeig!

Wias dann dahoam vom Auto ausgstiegn is, hods gsagt: „Schee wars, owa deier! Am allerscheenstn war's Klo, scho rein geschmacklich! Omei, moang muass i scho wieder ins Wirtshaus, es reißt ned ab!"

Des hod mi gwundert. „Wos, scho wieder? Warum moang scho wieder?"

„No, da Alfons hod mi eingeladen! Er hod gsagt, i bin so oft alloa, do möchte er mi a bissl ausführn, dass i aa unter d'Leit kimm. Schee, wennma so an netten Neffen hod, gell?"

„Ja Tante, des is schee!"

I hob allaweil scho gwisst, dass da Alfons a geldgieriger Hammel is. Owa dass er soweit geht, des hätt i ned glaubt!

144

Viele, eigentlich alle Orte, sind stolz auf sich und ihre Geschichte. Und sie möchten diese Geschichte den Besuchern, die in ihrem Ort den Urlaub verbringen, auch näher bringen, damit diese über die historischen Highlights informiert sind, die ihr Feriendomizil birgt. Leider ist es manchmal so, dass diese Highlights dünn gesät sind. Dann muss man halt improvisieren und kleinere Vorkommnisse in ein Licht rücken, das diese größer erscheinen lässt. Man sollte es allerdings auch nicht übertreiben, sonst kann sie ein wenig peinlich werden –

Die Stadtführung

Führer: Sehr geehrte Damen und Herren, ich begrüße Sie ganz herzlich zu unserer heutigen Stadtführung durch Untergreisling! Vorab eine Frage: Are any Outländer between you? *Keiner meldet sich.* Jawoll, sehr gut, dann tun wir uns leichter! Aber im Falle eines Falles hätten wir einen Audioguide gehabt, in Englisch und Französisch, Tschechisch war zu schwierig! Vielleicht vorab einige Vorabinformationen: Die Gelegenheit zum Austreten besteht hier am Start, links neben dem Rathaus befinden sich öffentliche Toiletten! *Sofort gehen drei Damen in Richtung Toiletten, eine davon mit Kind an der Hand.* Das ist immer so, ein paar müssen gleich! *Lacht.* Weitere Möglichkeiten zum Austreten bestehen bei Station 7 und am Schluss wieder hier, denn es ist ein Rundweg! Am Schluss besteht auch die Möglichkeit der Trinkgeldabgabe an mich! Ich sage das gleich, weil es immer peinlich ist, wenn die Gäste nicht wissen, wohin mit dem Trinkgeld! *Lacht abermals.* So, dann warten wir auf die Damen, damit diese meine einleitenden Worte auch mitbekommen!

Es entsteht eine Verlegenheitspause, die gottlob von einem Teilnehmer der Führung unterbrochen wird.

Gast 1:   Äh, meinen Sie, dass das Wetter hält?
Führer: Im Internet hat es geheißen, Regenwahrscheinlichkeit 30 Prozent!

Gast 1:	Und was bedeutet das konkret?
Führer:	Des bedeutet, dass die Regenwahrscheinlichkeit 30 Prozent ist!
Gast 1:	Schon klar, aber wird es regnen oder nicht?
Führer:	Eher nicht! Nichts Gewisses weiß man nicht, aber eher nicht.
Gast 1:	Weil wissen Sie, wir hätten einen Schirm im Auto, den könnten wir jetzt noch holen.
Führer:	Das braucht es nicht! Und wenn, ich habe hier in meiner Tasche ultraleichte Regenumhänge aus Taiwan, die können Sie gegen einen Unkostenbeitrag von einem Euro bei mir käuflich erwerben! Einheitsgröße, aber die haben bis jetzt immer gepasst. Nur einmal war ein männlicher Gast dermaßen fett, darauf sind die Taiwanesen nicht eingestellt! Aber *mustert kurz die Gästeschar* da sehe ich bei Ihnen allen kein Problem. Ein paar Füllige sind dabei, aber das passt schon! Und wenn es nicht regnet, ist es eh wurscht! Und eher regnet es nicht als schon.

Die drei fülligen Teilnehmer (einer davon weiblich) werden von den anderen mitleidig gemustert.

Gast 2:	Ich bin ja schon sehr gespannt! Wissen Sie, ich bin ja geschichtlich sehr interessiert! *Angeberisch:* Ich möchte nicht nur wissen, wo es an meinem Urlaubsort das billigste Schnitzel gibt, sondern vor allem, wie sich der Ort historisch entwickelt hat und welche Sehenswürdigkeiten es hier gibt!
Führer:	*Voller Lokalpatriotismus und – stolz:* Da werden Sie spitzen! Wir haben einige historische Leckerbissen auf den 11 Stationen. Aaah, da kommen ja schon die Biesler zurück! *Lacht, alle sehen zu den Blasenschwachen, die etwas rot werden und rasch in der Gruppe untertauchen.* So, sammas alle. Dann noch zum Grundsätzlichen: Untergreisling wurde erstmals urkundlich erwähnt im Jahre des Herrn 1189, als Graf Albert von Hohenstein, genannt der Erbärmliche, vier Siedlungen an den Grafen Hunz von Hunzenberg verschenkte, nämlich Sauberg, Oichelhof, Fronzau und An

	der Grisl, das heute Untergreisling, das damals anders hieß, nämlich An der Grisl.
Gast 3:	Wow! 1189! Das ist aber sehr alt für so einen kleinen Ort!
Führer:	Schon, aber jetzt kommts: Unser Stadtarchivar hat unleserliche Aufzeichnungen gefunden, die eventuell vermuten lassen, dass hier schon im 9. Jahrhundert eine Pferdetränke bestand, was aber leider nicht belegt ist.
Gast 3:	Wahnsinn!
Führer:	*Stolz:* Ja, man möchte es nicht glauben! Kurz zu den politischen Daten: Untergreisling verfügt zur Zeit über 4562 Einwohner, was sich aber ständig ändert durch Geburten und vor allem durch Sterbefälle. Wir haben eine Grund- und Mittelschule sowie ein Freibad und kein Krankenhaus! Bürgermeister ist seit 14 Jahren Sepp Drzinsky-Brandlmeier, der Stadtrat besteht mehrheitlich aus der CSU. Aber nun genug mit den trockenen Zahlen, packen wir es an! Hier stehen wir, wie gesagt, vor dem Rathaus. Es hatte nicht immer diese Funktion, denn bis 1972 war es eine Metzgerei!
Gast 1:	Echt? Sieht gar nicht so aus!
Führer:	Das ist kein Wunder, denn die Metzgerei wurde komplett abgerissen und dann das Rathaus hergebaut! Beachten Sie bitte den typischen Baustil der 70er Jahre des letzten Jahrhunderts! Er ist nicht ästhetisch, aber typisch. *Alle betrachten das in der Tat hässliche, aber typische Rathaus.*
Gast 2:	Darf man Fotos machen?
Führer:	Jederzeit!
Gast 2:	*Zu seiner Frau:* Renate, ich stell mich auf die Rathaustreppe und du machst bitte ein Foto! *Gibt ihr sein Handy, stellt sich auf die Rathaustreppe, grinst dämlich und streckt den rechten Daumen hoch.*
Frau:	*Entschuldigend zu den anderen Teilnehmern:* Er wieder! Mein Ulrich will von überall ein Foto, wo er geht und steht!
Gast 2:	*Erklärend:* Als Andenken! Dass man weiß, wo man war! Es ist ein schönes Gefühl, später mal die Fotos anzuschauen und zu sagen: „Da war ich!"
Führer:	So, gehen wir nun weiter zur Station 2, dem Stadtbrunnen! *Alle folgen dem Führer und gehen ca. 50 Meter weiter zum Stadtbrunnen. Einige Voreilige schauen in diesen hinein.*

Gast 4:	*Der soeben hineingeschaut hat.* Wie tief ist der? Man sieht gar keinen Boden!
Führer:	Gell! Dieser Brunnen ist 12 Meter tief, Gerüchte behaupten 15! Aus diesem Grund ist auch ein Gitter darauf, dass niemand hineinspringt, denn heraus käme dieser nimmer!
Kind:	Ist da ein Monster drin?
Führer:	*Geheimnisvoll:* Ausschließen täte ich es nicht!
Kind:	*Ängstlich:* Kann das raus?
Frau:	*Beruhigend zu ihrem Kind:* Malte, wenn kein Mensch heraus kann, kann das Monster auch nicht heraus!
Führer:	*Gütig lächelnd zum Kind:* Da hat die Mama recht! *Wieder ernsthaft:* Dieser Brunnen hat bis in das Jahr 1904 die Anwohner des Stadtplatzes mit Trinkwasser versorgt! Erst durch den Bau der städtischen Wasserversorgung hat er diese Funktion verloren und ist jetzt nur mehr eine touristische Attraktion! Man sagt, wenn man eine Münze hineinwirft, so wird man schöner! Ich täte sagen, wenn ich Sie so anschaue: Kann nicht schaden! *Lacht.* Nix für ungut, Spaß muss sein!

Alle Gäste werfen eine Münze hinein und hoffen insgeheim auf eine Wirkung, erkennbar ist spontan keine.

Gast 5:	Dann hoffen wir mal das Beste! *Lacht und sieht sich unter den Teilnehmern um, ob sein Gag Anklang findet. Eher nicht. Gast 2 lässt sich mit erhobenem Daumen vor dem Brunnen fotografieren, das Kind sieht nochmal angestrengt hinein, ob es das Monster nicht doch erkennen kann, und äußert die Vermutung, dass dieses schläft, dann setzt sich die Gruppe wieder in Bewegung.*
Führer:	Während Sie über diesen Platz gehen, sind Sie schon bei Station 3 angelangt, eine sehr unheimliche Station, wie ich behaupten möchte! Die Station des Todes!

Alle Teilnehmer sehen sich um, ob sie etwas Totes erblicken können, jedoch ohne Erfolg. Sie befinden sich auf einem Parkplatz, der voller Autos steht. Auch eine Tafel oder ein Hinweisschild, das auf den Tod schließen ließe, ist nicht vorhanden.

Gast 2:	Da bin ich aber mal gespannt! Wieso ist dies die Station des Todes?
Führer:	*Mit morbidem Unterton:* Unter Ihnen, verehrte Herrschaften, befinden sich die Gebeine von hunderten von jämmerlich verendeten Toten! Unter diesem Parkplatz war der damalige Pestgottesacker! Alle Bürger, die die Pest hinweggerafft hat, wurden, um eine Ausbreitung der Seuche zu verhindern, sofort beigesetzt! Und dieses geschah just unter diesem Parkplatz!
Kind:	Wieso haben die da einen Parkplatz hergenommen und keinen Friedhof?
Mutter:	Das war ja damals noch kein Parkplatz, Dummerchen!
Führer:	Genau! Damaliger Zeit war das eine Wiese! Gut ein Drittel des seinerzeitigen Untergreisling fiel dieser apokalyptischen Seuche zum Opfer! Wie Sie vielleicht wissen, lag der Hauptgrund in den unsäglichen hygienischen Verhältnissen! Es gab weder Toiletten noch Kanalisation! Die Notdurft wurde nächtens auf der Straße verrichtet!
Kind:	*Verständnislos:* Was?
Gast 7:	Die Leute haben auf die Straße geschissen, sobald es dunkel war!
Kind:	*Ungläubig:* Ehrlich?
Frau:	*Leicht tadelnd zu Gast 7:* Also bitte! Könnten Sie sich vielleicht gegenüber einem sechsjährigen Kind etwas gewählter ausdrücken?
Gast 7:	Oh, Entschuldigung! *Zum Kind Malte:* Die Leute haben damals ihre menschlichen Exkremente auf der Straße platziert!
Kind:	Achso! Ich hab schon gemeint, die haben auf die Straße geschissen!
Frau:	Malte!
Kind:	*Trotzig:* Ich hab das echt so verstanden!
Führer:	Egal! *Zu Gast 2:* Möchten Sie noch ein Foto machen, weil es ginge dann weiter mit der Führung!
Gast 2:	Ach ja, natürlich! *Stellt sich zwischen zwei Autos auf den Parkplatz und richtet den rechten Daumen nach unten, um anzudeuten, dass die Attraktion unterirdisch ist, die Gattin fotografiert ihn über den unsichtbaren Pestgebeinen stehend.*

Führer:	Folgen Sie mir nun zu Station Nummer 4, einer wahrlich historischen Stätte!

Die Gruppe marschiert weiter in eine Seitenstraße, immer noch einen leichten Schauer verspürend ob der von der Pest dahingerafften 30 Prozent der damaligen Bevölkerung Untergreislings. Vor dem griechischen Restaurant „Mykonos", das sich in einem uralten, leicht baufälligen Gebäude befindet, bleibt man stehen.

Führer:	Hier nun Station 4! Wir befinden uns vor dem ältesten Gasthaus Untergreislings, urkundlich nachgewiesen durch uralte Steuerlisten bereits im Jahre 1689!
Gast 1:	Wahnsinn! Und so lange gibt es hier schon einen Griechen?
Führer:	*Lacht.* Gute Frage! Natürlich nicht! Der jetzige Pächter Stavros Papunolidos-Stanglmeier betreibt die Gaststätte erst seit sieben Jahren! Er hat die Tochter des damaligen Wirtes Franz Stanglmeier geehelicht, den Betrieb übernommen und ein griechisches Restaurant daraus gemacht.
Gast 3:	Dann hieß aber das Gasthaus mit Sicherheit vorher anders, nicht Mykonos!
Führer:	Vollkommen richtig! Es freut mich immer, wenn die Teilnehmer der Führung mitdenken! Seit ihrer Gründung im Jahre 1689 hieß die Restauration „Gasthaus Zum blauen Ochsen". Man vermutet, die Bezeichnung resultiert daraus, dass früher oft Fuhrleute hier genächtigt haben. Die Fuhrwerke wurden ja nicht von Kraftfahrzeugen, sondern in der Regel von Ochsen gezogen. Und der Durst der Fuhrleute ist ja legendär und man kann annehmen, dass sie auch ihren Zugtieren bisweilen eine Mass Bier zukommen ließen. Und da Ochsen weniger vertragen als Menschen, zumindest als Fuhrleute, hatte wahrscheinlich oftmals ein Ochse einen größeren Rausch als sein Besitzer – daher „Zum blauen Ochsen", sie verstehen! *Lacht über seine originelle Begründung des Namens der Lokalität.*
Gast 2:	*Zu seiner Frau:* Mach ein Foto! *Geht in Fotografierposition vor die Eingangstüre des Lokals, neben das große Schild „Don-*

	nerstag Ruhetag, Freitag Gyros all you can eat" 17,50 Euro, Samstag Goaßmass-Time, Sonntags original griechische Livemusik mit Hans & Leni".
Führer:	Moment noch! Bevor Sie ein Bild machen, lassen Sie mich noch eine historische Begebenheit schildern, auf die die Betreiber des Lokals noch heute stolz sind! Eine urkundliche Würdigung findet sich an der Wand am Gang zur Damentoilette. Sie alle kennen Napoleon Bonaparte? *Allgemeines Nicken in der Gruppe mit Ausnahme des Kindes, dessen Aufmerksamkeit einer Katze gilt, die auf dem Gehsteig eine Maus quält.*
Gast 1:	*Streberhaft:* Natürlich kennt man Napoleon, den großen Feldherrn! Er hat ja Anfang des 19. Jahrhunderts beinahe ganz Europa mit seinen Truppen erobert!
Führer:	Haargenau! Und dieser Mann zog mit seinen Truppen im Jahre 1809 auch an Untergreisling vorbei! Man spricht von über 30.000 Soldaten! Nicht unweit von hier wurde ein Heerlager errichtet. Und jetzt passen Sie auf, was geschah! Es ist unglaublich! *Macht eine rhetorische Pause, um die Spannung zu steigern.*
Gast 2:	*Immer noch in Fotopose vor dem Lokal.* Da bin ich aber mal gespannt!
Gast 4:	Hat Napoleon hier im blauen Ochsen gegessen?
Führer:	Vermutlich nicht, aber: Er hätte beinahe hier übernachtet! Ein Knecht des damaligen Wirtes Hieronymus Schmidl hat berichtet, dass ein französischer Soldat angefragt hat, ob man ein Nachtlager und eine Brotzeit für eine „hochgestellte Persönlichkeit" herrichten könne, es kann sich da nur um Napoleon selbst gehandelt haben. Der Wirt hat daraufhin seine Tochter für eine Nacht in den Stall verbannt und deren Stube für Napoleon hergerichtet. Sogar eine französische Fahne hat er über dem Bett aufgehängt, um den hohen Gast willkommen zu heißen und ihn friedlich zu stimmen! Doch durch einen bis heute unbekannten Grund ist Napoleon nicht erschienen!

Bewunderndes und beeindrucktes Murmeln in der gesamten Gruppe, außer dem Kind natürlich, das nach wie vor die sadistische Katze betrachtet. Es wird eingehend diskutiert, warum Napoleon nicht erschienen ist. Mehrheit-lich wird vermutet, dass er im Heerlager aufgehalten wurde und dann dort einschlief.

Gast 2: *Hocherregt und in napoleontypischer Haltung mit einer Hand auf Brusthöhe zu seiner Frau:* Schnell Renate, mach ein Foto!

Renate macht vorsichtshalber drei Fotos ihres Ulrich vor der geschichtsträch-tigen Lokalität und nach intensivem Studium der Speisekarte des „Mykonos" geht es weiter zu Station fünf und damit zu einem weiteren Höhepunkt der Führung.

Führer: Nun befinden wir uns vor dem Anwesen Braugasse Nr. 2. Hier fand im Jahre 1912 der einzige Mord statt, den Un-tergreisling jemals zu verzeichnen hatte.

Gast 2: Ein Mord? Ein echter Mord? Hier in dieser beschaulichen Stadt? Unglaublich!

Führer: *Nochmals zur Bekräftigung seiner blutrünstigen Aussage:* Ein Mord!

Gast 2: Und wieso?

Führer: Nach den Gerichtsakten, die vollständig erhalten sind, ge-schah Folgendes: Der Braumeister Nepomuk Fiesler kam früher als sonst von der Arbeit heim, da ein Braukessel de-fekt war und er wegen der Reparatur nicht brauen konnte. Völlig unerwartet betrat er das Schlafzimmer, um sich ei-nen Schnupftabak zu holen, den er dort aufbewahrte. Und was musste er erblicken? Seine 23-jährige Gattin Genove-va in eindeutiger Position im ehelichen Bett mit dem Bä-ckergesellen Xaver Reiter – Nomen est Omen, möchte ich hinzufügen. *Lacht, wird aber dann sofort wieder ernst, weil nun der Mord folgt.* Fiesler, jung verheiratet, geriet derma-ßen in Wallung, dass er eine gusseiserne Nachttischlampe ergriff und sie dem Reiter mit Schmackes auf den Kopf schlug! Obwohl eine Nachttischlampe für gewöhnlich Licht spendet, blies sie dem heißblütigen Bäckergesellen das Lebenslicht aus!

Gast 5: *Total beeindruckt:* Wow! Brutal! Und die Frau vom Fiesling?

Führer:	Fiesler!
Gast 5:	Ach ja, Fiesler! Was war mit der Frau?
Führer:	Vermutlich hätte er diese in seiner Raserei auch erschlagen, doch sie flüchtete splitternackt in das Nachbaranwesen, was dort zunächst für Heiterkeit sorgte. Diese wich aber blankem Entsetzen, als Genoveva Fiesler berichtete, was im heimischen Schlafzimmer geschehen war. Sofort wurde die Gendarmerie alarmiert, die den Rasenden festnahm. *Entsetzen, aber auch wohliger Schauer in den Gesichtern aller Anwesenden.*
Gast 1:	Hat man ihn aufgehängt?
Führer:	Möchte man meinen! Aber wegen einer gewissen Teilschuld des Bäckergesellen wurde er lediglich zu 30 Jahren Zuchthaus verurteilt, was für diese Tat relativ mild ist. Er hat das Licht der Freiheit aber nicht mehr erblickt, da er im Zuchthaus an Typhus erkrankte und bereits nach 12 Jahren, im Jahre 1924, verschied und so den Greueln des 2. Weltkrieges auskam.
Gast 2:	Renate, sofort ein Foto! *Stellt sich mit entsetztem Gesicht vor das Mörderhaus Braugasse 2, Renate fotografiert.*
Führer:	Bevor wir weitergehen, noch eine Sache: Es wird berichtet, dass in nebligen Nächten manchmal eine schemenhafte Gestalt vom Anwesen Nr. 2 zum Anwesen Nr. 4 huscht und dass dies der Geist der unglücklichen Genoveva sei, die sich ein Jahr nach der Tat im Stadtweiher ertränkt hat. Aber wie gesagt, das ist nicht bewiesen! So, nun weiter zur Station 6, zur sogenannten Hasenwiese. *Die Gruppe folgt dem Führer zu einem Wiesengelände.*
Gast 7:	Hasenwiese – interessant!
Kind:	Gibt es da Häslein?
Führer:	Jetzt nicht mehr! Aber in den Hungerjahren nach dem 2. Weltkrieg machten die Untergreislinger aus der Not eine Tugend und begannen, Hasen in großem Umfang zu züchten. Bis weit über die Stadtgrenzen hinaus waren die Untergreislinger Hasen ein Begriff! Hier auf dieser gemeindeeigenen Wiese konnte jeder Bürger seinen eigenen Hasenstall errichten und Hasen züchten. Auch das Gras durfte kostenlos der Wiese entnommen werden. Das ging so-

weit, dass man schon überlegte, den Ortsnamen in „Unterhasling" abzuändern! Zur Blütezeit der Hasenzucht, Mitte 1946, sollen hier bis zu 1000 Hasen gezählt worden sein. Und ein Hasenbraten, meine Herrschaften, ist in Notzeiten eine feine Sache! *Lacht.*

Renate macht ein Foto ihres Mannes auf der Hasenwiese. Dieser hält seine beiden Hände hinter dem Kopf nach oben, um die Löffel eines Hasen nachzuahmen – was ihm ganz gut gelingt. Dann folgt die Gruppe wieder dem Führer zur heißersehnten Station 7, da diese einen Toilettengang ermöglicht. Nachdem dieser erledigt ist, beginnt der Führer mit seinen Erläuterungen der Station.

Führer: So, nun sind wir also bei Station 7 angelangt, die öffentliche Toilette. Nun werden Sie vielleicht sagen: Na und? Aber: Es ist die erste öffentliche Toilette des gesamten Landkreises! Errichtet wurde sie bereits im Jahre 1928 in einer Zeit, als man andernorts noch gar nicht an solche Bedürfnisanstalten dachte! Vielleicht zur Erheiterung: Im Einweihungsprotokoll steht zu lesen, dass der damalige Bürgermeister als Erster dort urinieren durfte. Man sagt, er habe extra vorher zwei Liter dunkles Bier getrunken, damit er auch konnte! Und er konnte einwandfrei! *Befreiendes Lachen aller Anwesenden, teilweise wegen der Witzigkeit der Bemerkung, teilweise wegen der soeben erfolgten eigenen Notdurft. Anschließend geht es weiter zur Station 8.*

Führer: So, nun stehen wir vor dem Heimatmuseum! Wie Sie vielleicht wissen, ist Untergreisling neben der Hasenzucht auch bekannt für seine Holzwaren. Das beginnt mit Holzschuhen aller Größen, geht über Holzspielzeug aller Art bis hin zu kunstgewerblichen Gegenständen aus Holz. Die Untergreislinger Bürger werden ja heute noch von den anderen Bewohnern des Landkreises liebevoll „die Holzköpfe" genannt. *Lacht.* Das ist nicht böse gemeint, sondern eher bewundernd! Alles zum Thema Holz finden Sie im Heimatmuseum, aber auch viele andere geschichtlich interessante Exponate wie die Schenkungsurkunde an Hunz von Hunzenstein in Kopie oder auch steinzeitliche Funde vom Ufer des Greislbaches, die eine frühgeschichtliche Anwesenheit von menschlichen Wesen belegen. Interessant auch die Sonderausstellung „Hasenzucht im Wandel der Zeiten"! Das Museum ist durchgehend geöffnet außer Montag, Mittwoch und Sonntag, Dienstag nur Nachmittag. Der Eintritt beträgt 6 Euro, für Kinder und sonstige Gehandicapte 4. So, die Führung neigt sich langsam, aber sicher dem Ende zu, wir gehen jetzt zu Station 9! *Nach Renates obligatorischem Foto geht die Gruppe weiter und bleibt vor einer riesigen Eiche stehen.*

Gast 3:   *Auf die Eiche blickend:* Was für ein Baum! Wahnsinn! Gigantisch!

Führer: Gell! Das ist die überregional bekannte Untergreislinger Liebeseiche! Ihr geschätztes Alter beträgt 400 Jahre. Bedenken Sie, was dieser Baum schon alles gesehen hat: Den 30-jährigen Krieg, Napoleon, Winnetou, die Erfindung des Autos, die beiden Weltkriege, die Erfindung des Handy und Angela Merkel! *Ehrfurchtsvolles Murmeln in der Gruppe.* Aber wegen dem ist sie nicht berühmt, da gibt es mehrere davon. Berühmt ist sie, weil es so ist, dass man mit der Frau, die man unter dieser Eiche küsst, ein Leben lang glücklich bleibt! Daher der Name Liebeseiche! Darum täte ich vorschlagen, dass sich jetzt alle Paare unter dem Baum küssen, weil dann ist die Zukunft gerettet! *Alle Paare stellen sich unter die riesige Eiche und küssen sich, die Teilnehmer ohne Partner stehen etwas verlegen herum und hoffen auf ein baldiges Ende der sexuellen Exzesse. Renate und ihr Gatte Ulrich lassen sich diesmal angesichts der amourösen Bedeutung des Baumes gemeinsam fotografieren. Sodann drängt der Führer zum Aufbruch, da es zu tröpfeln beginnt, man geht weiter.*

Gast 1:   Oh, es tröpfelt! Hätten wir wohl mal doch den Schirm mitgenommen!

Führer: Keine Panik, tuen Sie sich nicht hinab, wir haben es bald! Nur mehr zwei Stationen! Jetzt sind wir bei der vorletzten angelangt, dem Hepperer-Haus. Hier, Sie sehen es an der angebrachten Tafel, wurde am 16. April 1771 Johann Hepperer geboren, der wohl berühmteste Sohn der Stadt, abgesehen vielleicht vom Mörder Fiesler. *Alle haben Gelegenheit, die Gedenktafel am Hepperer-Haus zu lesen.* Johann Hepperer, ein Sohn einfacher Bauern, konnte dank der Unterstützung des damaligen Stadtpfarrers Monsignore Fürchtegott Balsam die Juristerei studieren und hat es im bayerischen Justizministerium zum dritten Unterstaatssekretär gebracht! Der König selbst hat ihn dazu ernannt! Er war lange der einzige lebende Ehrenbürger unserer Stadt, genauer gesagt bis zu seinem Tod!

Gast 3:	Wann ist er gestorben?
Führer:	Tragischerweise am Heiligen Abend 1862 im blühenden Alter von 91 Jahren noch vor der Bescherung! Zur Zeit hat die Stadt übrigens keinen Ehrenbürger, es tut sich auch niemand hervor, leider! *Zu Gast 2:* Wenn Sie noch ein Foto machen möchten, es geht dann weiter zur letzten Station Nummer 11. *Renate lichtet den Gatten neben der Hepperer-Gedenktafel ab, der Regen nimmt zu, und eiligen Schrittes geht es zur letzten Station. Auf die taiwanesischen Regenumhänge wird aufgrund der fortgeschrittenen Zeit verzichtet. Man bleibt auf Anweisung neben einem ziemlich verwahrlosten Grundstück stehen.*
Gast 5:	Und was war hier? Ist eigentlich ein ganz normales Grundstück mit viel Unkraut darauf!
Führer:	Jaaa, das sagen Sie! Aber dieses Grundstück hat es in sich! Genau hier fand am 21. März des Jahres 1631 die Schlacht auf der Wasserwiese statt, die seitdem Blutwiese genannt wird!
Gast 5:	Eine Schlacht? Hier in Untergreisling? Wie das?
Führer:	Es war an sich eine Verkettung tragischer Umstände! 1631 tobte ja bekanntlich der 30-jährige Krieg, der Feind war überall. Drei junge Burschen aus Untergreisling gingen spätnachts vom Wirtshaus heimwärts, vermutlich angetrunken, man weiß es nicht. Dabei bemerkten sie einige dunkle Gestalten, die über die Wasserwiese schlichen, bewaffnet mit Sensen, Sicheln und sonstigen waffenähnlichen Gegenständen. Die Untergreislinger Burschen sahen ihre Heimat durch marodierende Feinde gefährdet und griffen in der Dunkelheit beherzt an, Messer hatten sie,

wie damals üblich, dabei. Die Gegenwehr der nicht erkennbaren Gestalten erfolgte prompt, und es folgte eine Schlacht, die nach der Überlieferung zwei Stunden dauerte. Als der Morgen dämmerte, wurde das schreckliche Ausmaß deutlich: Von den drei Burschen war einer tot, einem fehlte nebst einem Ohr ein Auge und dem Dritten war durch einen Sensenhieb der linke Unterarm abhanden gekommen!

Gast 1: Wahnsinn! Und die Feinde?

Führer: Auch diese waren schwer lädiert, einer sogar tot. Drei andere, es waren insgesamt ihrer vier, lagen blutüberströmt auf der Wiese und schrien vor Schmerzen!

Gast 1: Wahnsinn! Waren das feindliche Soldaten? Schweden oder so?

Führer: Eben nicht! Und das ist die wahre Tragik dieser Schlacht! Es stellte sich heraus, dass es sich um vier Burschen aus dem benachbarten Obergreisling gehandelt hatte, die mit Kameraden gewettet hatten, dass sie sich getrauten, nächtens die Wasserwiese komplett abzumähen und das erbeutete Gras nach Obergreisling zu verbringen! Im Nachhinein hätte es die Schlacht gar nicht gebraucht!

Kind: *Ängstlich:* Mama, warum haben die die anderen totgemacht?

Frau: Malte, das ist schwer zu erklären! Aber es ist, wie ich immer sage: Gewalt ist keine Lösung! Wenn du einmal einen Fremden siehst, darfst du ihn nicht gleich angreifen!

Führer: *Zum Kind:* Da hat deine Mutter recht! Lieber einmal abwarten und nicht gleich zustechen! Nicht jeder, der in der Dunkelheit eine Sense herumträgt, ist ein Feind! Da heißt es: Obacht, vielleicht will er nur mähen! So, liebe Gäste, das wars! Ich hoffe, Sie hatten einige interessante Einblicke in die wechselvolle Geschichte unserer Stadt! Nachdem es nun schon ziemlich schüttet, will ich Sie nicht länger aufhalten. Wie gesagt, der Endpunkt ist glei da vorne beim Rathaus, wo wir die Führung begonnen haben. Wenn Sie unsicher sind wegen dem Trinkgeld: In der Regel geben die Gäste zwei bis fünf Euro! Ich habe hier ein kleines Büchslein, da können Sie Ihren Beitrag hineintun.

Ansonsten empfehle ich Ihnen noch unser Heimat-
museum und unser Freibad, das eine nagelneue Wasser-
rutsche hat!

*Der Führer gibt das Büchslein an Gast 1 und dieser reicht es an Gast 2, der
noch auf der Blutwiese fotografiert worden ist, weiter. Nachdem alle etwas
hineingeworfen haben, wird das Büchslein an den Führer zurückgegeben und
alle eilen wegen des strömenden Regens schnell zum Auto.*

Führer: *Öffnet das Büchslein und findet darin insgesamt 2,62 Euro.*
            Rindviecher!

Weitere Bücher und CDs von Toni Lauerer

Toni Lauerer
Willkommen im Spiegelsaal
160 Seiten, Format 13,5 x 20,5 cm,
Hardcover, ISBN 978-3-86646-305-9
Preis: 14,90 EUR

Toni Lauerer
I glaub, i spinn
160 Seiten, Format 13,5 x 20,5 cm,
Hardcover, ISBN 978-3-931904-43-2
Preis: 14,90 EUR

Toni Lauerer
Voll im Trend
160 Seiten, Format 13,5 x 20,5 cm,
Hardcover, ISBN 978-3-934863-68-2
Preis: 14,90 EUR

Toni Lauerer
Endlich wieder gschafft
160 Seiten, Format 13,5 x 20,5 cm,
Hardcover, ISBN 978-3-934863-17-0
Preis: 14, 90 EUR

Toni Lauerer
Hauptsach', es schmeckt!
160 Seiten, Format 13,5 x 20,5 cm,
Hardcover, ISBN 978-3-934863-08-8
Preis: 14,90 EUR

Toni Lauerer
Wos gibt's Neis?
156 Seiten, Format 13,5 x 20,5 cm,
Hardcover, ISBN 978-3-931904-77-7
Preis: 14,90 EUR

Erhältlich im Buchhandel.

Weitere Informationen zum Autor und seinen neuesten Titeln finden Sie unter: www.gietl-verlag.de

Weitere Bücher und CDs von Toni Lauerer

Toni Lauerer
Wos gibt's Neis?
Hörbuch/Audio-CD
ISBN 978-3-934863-42-2
Preis: 14,90 EUR

Toni Lauerer
I glaub, i spinn
Hörbuch/Audio-CD
ISBN 978-3-934863-18-7
Preis: 14,90 EUR

Toni Lauerer
Endlich wieder gschafft
Hörbuch/Audio-CD
ISBN 978-3-934863-22-4
Preis: 14,90 EUR

Toni Lauerer
Die liebe Oma
Minibuch, 48 Seiten,
Format 11,5 x 11,5 cm, Broschur
ISBN 978-3-934863-42-2
Preis: 2,95 EUR

Toni Lauerer
Tolle Frauen, liebe Mütter
Minibuch, 48 Seiten,
Format 11,5 x 11,5 cm, Broschur
ISBN 978-3-934863-63-7
Preis: 2,95 EUR

Toni Lauerer
Eigentlich is wurscht
Hörbuch/Audio-CD
ISBN 978-3-86646-306-6
Preis: 14,90 EUR (lieferbar Nov' 2014)

Toni Lauerer
Gute Besserung
Minibuch, 48 Seiten,
Format 11,5 x 11,5 cm, Broschur
ISBN 978-3-934863-64-4
Preis: 2,95 EUR

Toni Lauerer
Verheiratet, na und?
Minibuch, 48 Seiten,
Format 11,5 x 11,5 cm, Broschur
ISBN 978-3-934863-65-1
Preis: 2,95 EUR

Toni Lauerer
Starke Männer, liebe Väter
Minibuch, 48 Seiten,
Format 11,5 x 11,5 cm, Broschur
ISBN 978-3-934863-42-2
Preis: 2,95 EUR

Erhältlich im Buchhandel.

Weitere Informationen zum Autor und seinen neuesten Titeln finden Sie unter: www.gietl-verlag.de